E.T.A. Hoffmann
Das Fräulein von Scuderi

Juristische Zeitgeschichte
Abteilung 6, Band 36

Juristische Zeitgeschichte
Hrsg. von Prof. Dr. Dr. Thomas Vormbaum
(FernUniversität in Hagen)

Abteilung 6:
Recht in der Kunst – Kunst im Recht
Mithrsg. Prof. Dr. Gunter Reiß
(Universität Münster)

Band 36

Redaktion: Sven Grotendiek

De Gruyter

E.T.A. Hoffmann

Das Fräulein von Scuderi

Erzählung aus dem Zeitalter Ludwigs des Vierzehnten (1819)

Mit Kommentaren von Heinz Müller-Dietz und Marion Bönnighausen

De Gruyter

Dr. Dr. h.c. Heinz Müller-Dietz ist em. Professor für Strafrecht, Strafprozessrecht, Strafvollzug und Kriminologie an der Universität des Saarlandes.

Dr. Marion Bönnighausen ist Professorin am Germanistischen Institut der Westfälischen Wilhelms-Universität Münster.

Originaltext: E. T. A. Hoffmanns Sämtliche Werke, Historisch-kritische Ausgabe von Carl Georg von Maaßen, 7. Bd., München und Leipzig, 1914

ISBN 978-3-11-024602-5
e-ISBN 978-3-11-024603-2

Bibliografische Information der Deutschen Nationalbibliothek

Die Deutsche Nationalbibliothek verzeichnet diese Publikation in der Deutschen Nationalbibliografie; detaillierte bibliografische Daten sind im Internet über http://dnb.d-nb.de abrufbar.

Druck: Hubert & Co. GmbH & Co. KG, Göttingen
∞ Gedruckt auf säurefreiem Papier

Printed in Germany

www.degruyter.com

Inhaltsverzeichnis

Das Fräulein von Scuderi

In der Straße St. Honoré war das kleine Haus gelegen, welches Magdaleine von Scuderi, bekannt durch ihre anmutigen Verse, durch die Gunst Ludwig des XIV. und der Maintenon, bewohnte.

Spät um Mitternacht – es mochte im Herbste des Jahres 1680 sein – wurde an dieses Haus hart und heftig angeschlagen, daß es im ganzen Flur laut widerhallte. – Baptiste, der in des Fräuleins kleinem Haushalt Koch, Bedienten und Türsteher zugleich vorstellte, war mit Erlaubnis seiner Herrschaft über Land gegangen zur Hochzeit seiner Schwester, und so kam es, daß die Martiniere, des Fräuleins Kammerfrau, allein im Hause noch wachte. Sie hörte die wiederholten Schläge, es fiel ihr ein, daß Baptiste fortgegangen und sie mit dem Fräulein ohne weitern Schutz im Hause geblieben sei; aller Frevel von Einbruch, Diebstahl und Mord, wie er jemals in Paris verübt worden, kam ihr in den Sinn, es wurde ihr gewiß, daß irgend ein Haufen Meuter, von der Einsamkeit des Hauses unterrichtet, da draußen tobe und, eingelassen, ein böses Vorhaben gegen die Herrschaft ausführen wolle, und so blieb sie in ihrem Zimmer zitternd und zagend und den Baptiste verwünschend samt seiner Schwester Hochzeit. Unterdessen donnerten die Schläge immerfort, und es war ihr, als rufe eine Stimme dazwischen: „So macht doch nur auf um Christus willen, so macht doch nur auf!“ Endlich in steigender Angst ergriff die Martiniere schnell den Leuchter mit der brennenden Kerze und rannte hinaus auf den Flur; da vernahm sie ganz deutlich die Stimme des Anpochenden: „Um Christus willen, so macht doch nur auf!“ „In der Tat,“ dachte die Martiniere „so spricht doch wohl kein Räuber; wer weiß, ob nicht gar ein Verfolgter Zuflucht sucht bei meiner Herrschaft, die ja geneigt ist zu jeder Wohltat. Aber laßt uns vorsichtig sein!“ – Sie öffnete ein Fenster und rief hinab, wer denn da unten in später Nacht so an der Haustür tobe und alles aus dem Schlafe wecke, indem sie ihrer tiefen Stimme so viel Männliches zu geben sich bemühte als nur möglich. In dem Schimmer der Mondesstrahlen, die eben durch die finstern Wolken brachen, gewahrte sie eine lange, in einen hellgrauen Mantel gewickelte Gestalt, die den breiten Hut tief in die Augen gedrückt hatte. Sie rief nun mit lauter Stimme, so, daß es der unten vernehmen konnte: „Baptiste, Claude, Pierre, steht auf und seht einmal zu, welcher Taugenichts uns das Haus einschlagen will!“ Da sprach es aber mit sanfter, beinahe klagender Stimme von unten herauf: „Ach! la Martiniere, ich weiß ja, daß Ihr es seid, liebe Frau, so sehr Ihr Eure Stimme zu verstellen trachtet, ich weiß ja, daß Baptiste über Land gegangen ist und Ihr mit Eurer Herrschaft allein im Hause seid. Macht mir nur getrost auf, befürchtet nichts. Ich muß durchaus mit Eurem Fräulein sprechen, noch in dieser Minute." „Wo denkt Ihr hin," erwiderte die Martiniere, „mein Fräulein wollt Ihr sprechen mitten in der Nacht? Wißt Ihr denn nicht, daß sie längst schläft, und daß ich sie um keinen Preis wecken werde aus dem ersten süßesten Schlummer, dessen sie in ihren Jahren wohl bedarf." „Ich weiß," sprach der Untenstehende, „ich weiß, daß Euer Fräulein soeben das Manuskript ihres Romans, Clelia geheißen, an dem sie rastlos arbeitet, beiseite gelegt hat und jetzt noch einige Verse aufschreibt, die sie morgen bei der Marquise de Maintenon vorzulegen gedenkt. Ich beschwöre Euch, Frau Martiniere, habt die Barmherzigkeit und öffnet mir die Türe. Wißt, daß es darauf ankommt, einen Unglücklichen vom Verderben zu retten, wißt, daß Ehre, Freiheit, ja das Leben eines Menschen abhängt von diesem Augenblick, in dem ich Euer Fräulein sprechen muß. Bedenkt, daß Eurer Gebieterin Zorn ewig auf Euch lasten würde, wenn sie erführe, daß Ihr es waret, die den Unglücklichen, welcher kam, ihre Hülfe zu erflehen, hartherzig von der Türe wieset." „Aber warum sprecht Ihr denn meines Fräuleins Mitleid an in dieser ungewöhnlichen Stunde, kommt morgen zu guter Zeit wieder," so sprach die Martiniere herab; da erwiderte der unten: „Kehrt sich denn das Schicksal, wenn es verderbend wie der tötende Blitz einschlägt, an Zeit und Stunde? Darf, wenn nur ein Augenblick Rettung noch möglich ist, die Hülfe aufgeschoben werden? Öffnet mir die Türe, fürchtet doch nur nichts von einem Elenden, der schutzlos, verlassen von aller Welt, verfolgt, bedrängt von einem ungeheuern Geschick Euer Fräulein um Rettung anflehen will aus drohender Gefahr!" Die Martiniere vernahm, wie der Untenstehende bei diesen Worten vor tiefem Schmerz stöhnte und schluchzte; dabei war der Ton von seiner Stimme der eines Jünglings, sanft und eindringend tief in die Brust. Sie fühlte sich im Innersten bewegt; ohne sich weiter lange zu besinnen, holte sie die Schlüssel herbei.

Sowie sie die Türe kaum geöffnet, drängte sich ungestüm die im Mantel gehüllte Gestalt hinein und rief, der Martiniere vorbeischreitend in den Flur, mit wilder Stimme: „Führt mich zu Euerm Fräulein!" Erschrocken hob die Martiniere den Leuchter in die Höhe, und der Kerzenschimmer fiel in ein todbleiches, furchtbar entstelltes Jünglingsantlitz. Vor Schrecken hätte die Martiniere zu Boden sinken mögen, als nun der Mensch den Mantel auseinanderschlug und der blanke Griff eines Stiletts aus dem Brustlatz hervorragte. Es blitzte der Mensch sie an mit funkelnden Augen und rief noch wilder als zuvor: „Führt mich zu Euerm Fräulein, sage ich Euch!" Nun sah die Martiniere ihr Fräulein in der dringendsten Gefahr, alle Liebe zu der teuren Herrschaft, in der sie zugleich die fromme, treue Mutter ehrte, flammte stärker auf im Innern und erzeugte einen Mut, dessen sie wohl selbst sich nicht fähig geglaubt hätte. Sie warf die Türe ihres Gemachs, die sie offen gelassen, schnell zu, trat vor dieselbe und sprach stark und fest: „In der Tat, Euer tolles Betragen hier im Hause paßt schlecht zu Euern kläglichen Worten da draußen, die, wie ich nun wohl merke, mein Mitleiden sehr zu unrechter Zeit erweckt haben. Mein Fräulein sollt und werdet Ihr jetzt nicht sprechen. Habt Ihr nichts Böses im Sinn, dürft Ihr den Tag nicht scheuen, so kommt morgen wieder und bringt Eure Sache an! – jetzt schert Euch aus dem Hause!" Der Mensch stieß einen dumpfen Seufzer aus, blickte die Martiniere starr an mit entsetzlichem Blick und griff nach dem Stilett. Die Martiniere befahl im stillen ihre Seele dem Herrn, doch blieb sie standhaft und sah dem Menschen keck ins Auge, indem sie sich fester an die Türe des Gemachs drückte, durch welches der Mensch gehen mußte, um zu dem Fräulein zu gelangen. „Laßt mich zu Euerm Fräulein, sage ich Euch," rief der Mensch nochmals. „Tut was Ihr wollt," erwiderte die Martiniere, „ich weiche nicht von diesem Platz, vollendet nur die böse Tat, die Ihr begonnen, auch Ihr werdet den schmachvollen Tod finden auf dem Greveplatz, wie Eure verruchten Spießgesellen." „Ha," schrie der Mensch auf, „Ihr habt recht, la Martiniere! ich sehe aus, ich bin bewaffnet wie ein verruchter Räuber und Mörder, aber meine Spießgesellen sind nicht gerichtet, sind nicht gerichtet!" – Und damit zog er, giftige Blicke schießend auf die zum Tode geängstigte Frau, das Stilett heraus. „Jesus!" rief sie, den Todesstoß erwartend, aber in dem Augenblick ließ sich auf der Straße das Geklirr von Waffen, der Huftritt von Pferden hören. „Die Marechaussee – die Marechaussee. Hülfe, Hülfe!" schrie die Martiniere. „Entsetzliches Weib, du willst mein Verderben – nun ist alles aus, alles aus! – nimm! – nimm; gib das dem Fräulein heute noch – morgen wenn du willst" – dies leise murmelnd hatte der Mensch der Martiniere den

Leuchter weggerissen, die Kerzen verlöscht und ihr ein Kästchen in die Hände gedrückt. „Um deiner Seligkeit willen, gib das Kästchen dem Fräulein," rief der Mensch und sprang zum Hause hinaus. Die Martiniere war zu Boden gesunken, mit Mühe stand sie auf und tappte sich in der Finsternis zurück in ihr Gemach, wo sie ganz erschöpft, keines Lautes mächtig, in den Lehnstuhl sank. Nun hörte sie die Schlüssel klirren, die sie im Schloß der Haustüre hatte stecken lassen. Das Haus wurde zugeschlossen, und leise unsichere Tritte nahten sich dem Gemach. Fest gebannt, ohne Kraft sich zu regen, erwartete sie das Gräßliche; doch wie geschah ihr; als die Türe aufging und sie bei dem Scheine der Nachtlampe auf den ersten Blick den ehrlichen Baptiste erkannte; der sah leichenblaß aus und ganz verstört. „Um aller Heiligen willen," fing er an, „um aller Heiligen willen, sagt mir, Frau Martiniere, was ist geschehen? Ach die Angst! die Angst! – Ich weiß nicht, was es war, aber fortgetrieben hat es mich von der Hochzeit gestern abend mit Gewalt! – Und nun komme ich in die Straße. Frau Martiniere, denk' ich, hat einen leisen Schlaf, die wird's wohl hören, wenn ich leise und säuberlich anpoche an die Haustüre, und mich hineinlassen. Da kommt mir eine starke Patrouille entgegen, Reuter, Fußvolk, bis an die Zähne bewaffnet, und hält mich an und will mich nicht fortlassen. Aber zum Glück ist Desgrais dabei, der Marechaussee-Leutnant, der mich recht gut kennt; der spricht, als sie mir die Laterne unter die Nase halten: 'Ei, Baptiste, wo kommst du her des Wegs in der Nacht? Du mußt fein im Hause bleiben und es hüten. Hier ist es nicht geheuer, wir denken noch in dieser Nacht einen guten Fang zu machen.' Ihr glaubt gar nicht, Frau Martiniere, wie mir diese Worte aufs Herz fielen. Und nun trete ich auf die Schwelle, und da stürzt ein verhüllter Mensch aus dem Hause, das blanke Stilett in der Faust, und rennt mich um und um – das Haus ist offen, die Schlüssel stekken im Schlosse – sagt, was hat das alles zu bedeuten?" Die Martiniere, von ihrer Todesangst befreit, erzählte, wie sich alles begeben. Beide, sie und Baptiste, gingen in den Hausflur, sie fanden den Leuchter auf dem Boden, wo der fremde Mensch ihn im Entfliehen hingeworfen. „Es ist nur zu gewiß," sprach Baptiste, „daß unser Fräulein beraubt und wohl gar ermordet werden sollte. Der Mensch wußte, wie Ihr erzählt, daß Ihr allein wart mit dem Fräulein, ja sogar, daß sie noch wachte bei ihren Schriften; gewiß war es einer von den verfluchten Gaunern und Spitzbuben, die bis ins Innere der Häuser dringen, alles listig auskundschaftend, was ihnen zur Ausführung ihrer teuflischen Anschläge dienlich. Und das kleine Kästchen, Frau Martiniere, das, denk' ich, werfen wir in die Seine, wo sie am tiefsten ist. Wer steht uns dafür, daß nicht irgend ein verruchter Unhold unserm guten Fräulein nach dem Leben trachtet, daß sie, das Kästchen öffnend, nicht tot niedersinkt wie der alte Marquis von Tournay, als er den Brief aufmachte, den er von unbekannter Hand erhalten! –" Lange ratschlagend beschlossen die Getreuen endlich, dem Fräulein am andern Morgen alles zu erzählen und ihr auch das geheimnisvolle Kästchen einzuhändigen, das ja mit gehöriger Vorsicht geöffnet werden könne. Beide, erwägten sie genau jeden Umstand der Erscheinung des verdächtigen Fremden, meinten, daß wohl ein besonderes Geheimnis im Spiele sein könne, über das sie eigenmächtig nicht schalten dürften, sondern die Enthüllung ihrer Herrschaft überlassen müßten. –

Baptistes Besorgnisse hatten ihren guten Grund. Gerade zu der Zeit war Paris der Schauplatz der verruchtesten Greueltaten, gerade zu der Zeit bot die teuflische Erfindung der Hölle die leichtesten Mittel dazu dar.

Glaser, ein teutscher Apotheker, der beste Chemiker seiner Zeit, beschäftigt sich, wie es bei Leuten von seiner Wissenschaft wohl zu geschehen pflegt, mit alchymistischen Versuchen. Er hatte es darauf abgesehen, den Stein der Weisen zu finden. Ihm gesellte sich ein Italiener zu, namens Exili. Diesem diente aber die Goldmacherkunst nur zum Vorwande. Nur das Mischen, Kochen, Sublimieren der Giftstoffe, in denen Glaser sein Heil zu finden hoffte, wollt' er erlernen, und es gelang ihm endlich, jenes feine Gift zu bereiten, das ohne Geruch, ohne Geschmack, entweder auf der Stelle oder langsam tötend, durchaus keine Spur im menschlichen Körper zurückläßt und alle Kunst, alle Wissenschaft der Ärzte täuscht, die, den Giftmord nicht ahnend, den Tod einer natürlichen Ursache zuschreiben müssen. So vorsichtig Exili auch zu Werke ging, so kam er doch in den Verdacht des Giftverkaufs und wurde nach der Bastille gebracht. In dasselbe Zimmer sperrte man bald darauf den Hauptmann Godin de Sainte Croix ein. Dieser hatte mit der Marquise de Brinvillier lange Zeit in einem Verhältnisse gelebt, welches Schande über die ganze Familie brachte und endlich, da der Marquis unempfindlich blieb für die Verbrechen seiner Gemahlin, ihren Vater, Dreux d'Aubray, Zivil-Leutnant zu Paris, nötigte, das verbrecherische Paar durch einen Verhaftsbefehl zu trennen, den er wider den Hauptmann auswirkte. Leidenschaftlich, ohne Charakter, Frömmigkeit heuchelnd und zu Lastern aller Art geneigt von Jugend auf, eifersüchtig, rachsüchtig bis zur Wut, konnte dem Hauptmann nichts willkommner sein als Exilis teuflisches Geheimnis, das ihm die Macht gab, alle seine Feinde zu vernichten. Er wurde Exilis eifriger Schüler und tat es bald seinem Meister gleich, so daß er, aus der Bastille entlassen, allein fortzuarbeiten imstande war.

Die Brinvillier war ein entartetes Weib, durch Sainte Croix wurde sie zum Ungeheuer. Er vermochte sie nach und nach, erst ihren eignen Vater, bei dem sie sich befand, ihn mit verruchter Heuchelei im Alter pflegend, dann ihre beiden Brüder und endlich ihre Schwester zu vergiften; den Vater aus Rache, die andern der reichen Erbschaft wegen. Die Geschichte mehrerer Giftmörder gibt das entsetzliche Beispiel, daß Verbrechen der Art zur unwiderstehlichen Leidenschaft werden. Ohne weitern Zweck, aus reiner Lust daran, wie der Chemiker Experimente macht zu seinem Vergnügen, haben oft Giftmörder Personen gemordet, deren Leben oder Tod ihnen völlig gleich sein konnte. Das plötzliche Hinsterben mehrerer Armen im Hotel Dieu erregte später den Verdacht, daß die Brote, welche die Brinvillier dort wöchentlich auszuteilen pflegte, um als Muster der Frömmigkeit und des Wohltuns zu gelten, vergiftet waren. Gewiß ist es aber, daß sie Taubenpasteten vergiftete und sie den Gästen, die sie geladen, vorsetzte. Der Chevalier du Guet und mehrere andere Personen fielen als Opfer dieser höllischen Mahlzeiten. Sainte Croix, sein Gehülfe la Chaussee, die Brinvillier wußten lange Zeit hindurch ihre gräßliche Untaten in undurchdringliche Schleier zu hüllen; doch welche verruchte List verworfener Menschen vermag zu bestehen, hat die ewige Macht des Himmels beschlossen, schon hier auf Erden die Frevler zu richten! – Die Gifte, welche Sainte Croix bereitete, waren so fein, daß, lag das Pulver (*poudre de succession* nannten es die Pariser) bei der Bereitung offen, ein einziger Atemzug hinreichte, sich augenblicklich den Tod zu geben. Sainte Croix trug deshalb bei seinen Operationen eine Maske von feinem Glase. Diese fiel eines Tags, als er eben ein fertiges Giftpulver in eine Phiole schütten wollte, herab, und er sank, den feinen Staub des Giftes einatmend, augenblicklich tot nieder. Da er ohne Erben verstorben, eilten die Gerichte herbei, um den Nachlaß unter Siegel zu nehmen. Da fand sich, in einer Kiste verschlossen, das ganze höllische Arsenal des Giftmords, das dem verruchten Sainte Croix zu Gebote gestanden, aber auch die Briefe der Brinvillier wurden aufgefunden, die über ihre Untaten keinen Zweifel ließen. Sie floh nach Lüttich in ein Kloster. Desgrais, ein Beamter der Marechaussee, wurde ihr nachgesendet. Als Geistlicher verkleidet, erschien er in dem Kloster, wo sie sich verborgen. Es gelang ihm, mit dem entsetzlichen Weibe einen Liebeshandel anzuknüpfen und sie zu einer heimlichen Zusammenkunft in einem einsamen Garten vor der Stadt zu verlocken. Kaum dort angekommen, wurde sie aber von Desgrais' Häschern umringt, der geistliche Liebhaber verwandelte sich plötzlich in den Beamten der Marechaussee und nötigte sie, in den Wagen zu steigen, der vor dem Garten bereit stand und, von den Häschern umringt, geradeswegs nach Paris abfuhr. La Chaussee war schon früher enthauptet worden, die Brinvillier litt denselben Tod, ihr Körper wurde nach der Hinrichtung verbrannt und die Asche in die Lüfte zerstreut.

Die Pariser atmeten auf, als das Ungeheuer von der Welt war, das die heimliche mörderische Waffe ungestraft richten konnte gegen Feind und Freund. Doch bald tat es sich kund, daß des verruchten La Croix entsetzliche Kunst sich fort vererbt hatte. Wie ein unsichtbares tückisches Gespenst schlich der Mord sich ein in die engsten Kreise, wie sie Verwandtschaft – Liebe – Freundschaft nur bilden können, und erfaßte sicher und schnell die unglücklichen Opfer. Der, den man heute in blühender Gesundheit gesehen, wankte morgen krank und siech umher, und keine Kunst der Ärzte konnte ihn vor dem Tode retten. Reichtum – ein einträgliches Amt – ein schönes, vielleicht zu jugendliches Weib – das genügte zur Verfolgung auf den Tod. Das grausamste Mißtrauen trennte die heiligsten Bande. Der Gatte zitterte vor der Gattin – der Vater vor dem Sohn – die Schwester vor dem Bruder. – Unberührt blieben die Speisen, blieb der Wein bei dem Mahl, das der Freund den Freunden gab, und wo sonst Lust und Scherz gewaltet, spähten verwilderte Blicke nach dem verkappten Mörder. Man sah Familienväter ängstlich in entfernten Gegenden Lebensmittel einkaufen und in dieser, jener schmutzigen Garküche selbst bereiten, in ihrem eigenen Hause teuflischen Verrat fürchtend. Und doch war manchmal die größte, bedachteste Vorsicht vergebens.

Der König, dem Unwesen, das immer mehr überhand nahm, zu steuern, ernannte einen eigenen Gerichtshof, dem er ausschließlich die Untersuchung und Bestrafung dieser heimlichen Verbrechen übertrug. Das war die sogenannte *Chambre ardente*, die ihre Sitzungen unfern der Bastille hielt, und welcher la Regnie als Präsident vorstand. Mehrere Zeit hindurch blieben Regnies Bemühungen, so eifrig sie auch sein mochten, fruchtlos, dem verschlagenen Desgrais war es vorbehalten, den geheimsten Schlupfwinkel des Verbrechens zu entdecken. – In der Vorstadt Saint Germain wohnte ein altes Weib, la Voisin geheißen, die sich mit Wahrsagen und Geisterbeschwören abgab und mit Hülfe ihrer Spießgesellen, le Sage und le Vigoureux, auch selbst Personen, die eben nicht schwach und leichtgläubig zu nennen, in Furcht und Erstaunen zu setzen wußte. Aber sie tat mehr als dieses. Exilis Schülerin wie la Croix, bereitete sie wie dieser das feine, spurlose Gift und half auf diese Weise ruchlosen Söhnen zur frühen Erbschaft, entarteten Weibern zum andern jüngern Gemahl. Desgrais drang in ihr Geheimnis ein, sie gestand alles, die *Chambre ardente* verurteilte sie zum Feuertode, den sie auf dem Greveplatze erlitt. Man fand bei ihr eine Liste aller Personen, die sich ihrer Hülfe bedient hatten; und so kam es, daß nicht allein Hinrichtung auf Hinrichtung folgte, sondern auch schwerer Verdacht selbst auf Personen von hohem Ansehen lastete. So glaubte man, daß der Kardinal Bonzy bei der la Voisin das Mittel gefunden, alle Personen, denen er als Erzbischof von Narbonne Pensionen bezahlen mußte, in kurzer Zeit hinsterben zu lassen. So wurden die Herzogin von Bouillon, die Gräfin von Soissons, deren Namen man auf der Liste gefunden, der Verbindung mit dem teuflischen Weibe angeklagt, und selbst François Henri de Montmorenci, Boudebelle, Herzog von Luxemburg, Pair und Marschall des Reichs, blieb nicht verschont. Auch ihn verfolgte die furchtbare *Chambre ardente*. Er stellte sich selbst zum Geständnis in der Bastille, wo ihn Louvois und la Regnies Haß in ein sechs Fuß hohes Loch einsperren ließ. Monate vergingen, ehe es sich vollkommen ausmittelte, daß des Herzogs Verbrechen keine Rüge verdienen konnte. Er hatte sich einmal von le Sage das Horoskop stellen lassen.

Gewiß ist es, daß blinder Eifer den Präsidenten la Regnie zu Gewaltstreichen und Grausamkeiten verleitete. Das Tribunal nahm ganz den Charakter der Inquisition an; der geringfügigste Verdacht reichte hin zu strenger Einkerkerung, und oft war es dem Zufall überlassen, die Unschuld des auf den Tod Angeklagten darzutun. Dabei war Regnie von garstigem Ansehen und heimtückischem Wesen, so daß er bald den Haß derer auf sich lud, deren Rächer oder Schützer zu sein er berufen wurde. Die Herzogin von Bouillon, von ihm im Verhöre gefragt, ob sie den Teufel gesehen? erwiderte: „Mich dünkt, ich sehe ihn in diesem Augenblick!"

Während nun auf dem Greveplatz das Blut Schuldiger und Verdächtiger in Strömen floß und endlich der heimliche Giftmord seltner und seltner wurde, zeigte sich ein Unheil andrer Art, welches neue Bestürzung verbreitete. Eine Gaunerbande schien es darauf angelegt zu haben, alle Juwelen in ihren Besitz zu bringen. Der reiche Schmuck, kaum gekauft, verschwand auf unbegreifliche Weise, mochte er verwahrt sein, wie er wollte. Noch viel ärger war es aber, daß jeder, der es wagte, zur Abendzeit Juwelen bei sich zu tragen, auf offener Straße oder in finstern Gängen der Häuser beraubt, ja wohl gar ermordet wurde. Die mit dem Leben davongekommen, sagten aus, ein Faustschlag auf den Kopf habe sie wie ein Wetterstrahl niedergestürzt, und aus der Betäubung erwacht, hätten sie sich beraubt und am ganz andern Orte als da, wo sie der Schlag getroffen, wiedergefunden. Die Ermordeten, wie sie beinahe jeden Morgen auf der Straße oder in den Häusern lagen, hatten alle dieselbe tödliche Wunde. Einen Dolchstich ins Herz, nach dem Urteil der Ärzte so schnell und sicher tötend, daß der Verwundete keines Lautes mächtig zu Boden sinken mußte. Wer war an dem üppigen Hofe Ludwig des XIV., der nicht, in einen geheimen Liebeshandel verstrickt, spät zur Geliebten schlich und manchmal ein reiches Geschenk bei sich trug? – Als stünden die Gauner mit Geistern im Bunde, wußten sie genau, wenn sich so etwas zutragen sollte. Oft erreichte der Unglückliche nicht das Haus, wo er Liebesglück zu genießen dachte, oft fiel er auf der Schwelle, ja vor dem Zimmer der Geliebten, die mit Entsetzen den blutigen Leichnam fand.

Vergebens ließ Argenson, der Polizeiminister, alles aufgreifen in Paris, was von dem Volk nur irgend verdächtig schien, vergebens wütete la Regnie und suchte Geständnisse zu erpressen, vergebens wurden Wachen, Patrouillen verstärkt, die Spur der Täter war nicht zu finden. Nur die Vorsicht, sich bis an die Zähne zu bewaffnen und sich eine Leuchte vortragen zu lassen, half einigermaßen, und doch fanden sich Beispiele, daß der Diener mit Steinwürfen geängstet und der Herr in demselben Augenblick ermordet und beraubt wurde.

Merkwürdig war es, daß aller Nachforschungen auf allen Plätzen, wo Juwelenhandel nur möglich war, unerachtet nicht das mindeste von den geraubten Kleinodien zum Vorschein kam und also auch hier keine Spur sich zeigte, die hätte verfolgt werden können.

Desgrais schäumte vor Wut, daß selbst seiner List die Spitzbuben zu entgehen wußten. Das Viertel der Stadt, in dem er sich gerade befand, blieb verschont, während in dem andern, wo keiner Böses geahnt, der Raubmord seine reichen Opfer erspähte.

Desgrais besann sich auf ein Kunststück, mehrere Desgrais zu schaffen, sich untereinander so ähnlich an Gang, Stellung, Sprache, Figur, Gesicht, daß selbst die Häscher nicht wußten, wo der rechte Desgrais stecke. Unterdessen lauschte er, sein Leben wagend, allein in den geheimsten Schlupfwinkeln und folgte von weitem diesem oder jenem, der auf seinen Anlaß einen reichen Schmuck bei sich trug. *Der* blieb unangefochten; also auch von *dieser* Maßregel waren die Gauner unterrichtet. Desgrais geriet in Verzweiflung.

Eines Morgens kommt Desgrais zu dem Präsidenten la Regnie, blaß, entstellt, außer sich. – „Was habt Ihr, was für Nachrichten? – Fandet Ihr die Spur?“ ruft ihm der Präsident entgegen. „Ha – gnädiger Herr,“ fängt Desgrais an, vor Wut stammelnd, „ha, gnädiger Herr – gestern in der Nacht – unfern des Louvres ist der Marquis de la Fare angefallen worden in meiner Gegenwart.“ „Himmel und Erde,“ jauchzt la Regnie auf vor Freude – „wir haben sie!“ – „O hört nur,“ fällt Desgrais mit bitterm Lächeln ein, „o hört nur erst, wie sich alles begeben. – Am Louvre steh’ ich also und passe, die ganze Hölle in der Brust, auf die Teufel, die meiner spotten. Da kommt mit unsicherm Schritt, immer hinter sich schauend, eine Gestalt dicht bei mir vorüber, ohne mich zu sehen. Im Mondesschimmer erkenne ich den Marquis de la Fare. Ich konnt’ ihn da erwarten, ich wußte, wo er hinschlich.

Kaum ist er zehn – zwölf Schritte bei mir vorüber, da springt wie aus der Erde herauf eine Figur, schmettert ihn nieder und fällt über ihn her. Unbesonnen, überrascht von dem Augenblick, der den Mörder in meine Hand liefern konnte, schrie ich laut auf und will mit einem gewaltigen Sprunge aus meinem Schlupfwinkel heraus auf ihn zusetzen; da verwickle ich mich in den Mantel und falle hin. Ich sehe den Menschen wie auf den Flügeln des Windes forteilen, ich rapple mich auf, ich renne ihm nach – laufend stoße ich in mein Horn – aus der Ferne antworten die Pfeifen der Häscher – es wird lebendig – Waffengeklirr, Pferdegetrappel von allen Seiten. – 'Hierher – hierher – Desgrais – Desgrais!' schreie ich, daß es durch die Straßen hallt. – Immer sehe ich den Menschen vor mir im hellen Mondschein, wie er, mich zu täuschen, da – dort – einbiegt; wir kommen in die Straße Nicaise, da scheinen seine Kräfte zu sinken, ich strenge die meinigen doppelt an – noch funfzehn Schritte höchstens hat er Vorsprung" – „Ihr holt ihn ein – Ihr packt ihn, die Häscher kommen" ruft la Regnie mit blitzenden Augen, indem er Desgrais beim Arm ergreift, als sei *der* der fliehende Mörder selbst. – „Funfzehn Schritte," fährt Desgrais mit dumpfer Stimme und mühsam atmend fort, „funfzehn Schritte vor mir springt der Mensch auf die Seite in den Schatten und verschwindet durch die Mauer." „Verschwindet? – durch die Mauer! – Seid Ihr rasend," ruft la Regnie, indem er zwei Schritte zurück tritt und die Hände zusammenschlägt. „Nennt mich," fährt Desgrais fort, sich die Stirne reibend wie einer, den böse Gedanken plagen, „nennt mich, gnädiger Herr, immerhin einen Rasenden, einen törichten Geisterseher, aber es ist nicht anders, als wie ich es Euch erzähle. Erstarrt stehe ich vor der Mauer, als mehrere Häscher atemlos herbeikommen; mit ihnen der Marquis de la Fare, der sich aufgerafft, den bloßen Degen in der Hand. Wir zünden die Fackeln an, wir tappen an der Mauer hin und her; keine Spur einer Türe, eines Fensters, einer Öffnung. Es ist eine starke steinerne Hofmauer, die sich an ein Haus lehnt, in dem Leute wohnen, gegen die auch nicht der leiseste Verdacht aufkommt. Noch heute habe ich alles in genauen Augenschein genommen. – Der Teufel selbst ist es, der uns foppt." Desgrais' Geschichte wurde in Paris bekannt. Die Köpfe waren erfüllt von den Zaubereien, Geisterbeschwörungen, Teufelsbündnissen der Voisin, des Vigoureux, des berüchtigten Priesters le Sage; und wie es denn nun in unserer ewigen Natur liegt, daß der Hang zum Übernatürlichen, zum Wunderbaren alle Vernunft überbietet, so glaubte man bald nichts Geringeres, als daß, wie Desgrais nur im Unmut gesagt, wirklich der Teufel selbst die Verruchten schütze, die ihm ihre Seelen verkauft. Man kann es sich denken, daß Desgrais' Geschichte mancherlei tollen Schmuck erhielt. Die Erzählung davon mit einem Holzschnitt darüber, eine gräßliche Teufelsgestalt vorstellend, die vor dem erschrockenen Desgrais in die Erde versinkt, wurde gedruckt und an allen Ecken verkauft. Genug, das Volk einzuschüchtern und selbst den Häschern allen Mut zu nehmen, die nun zur Nachtzeit mit Zittern und Zagen die Straßen durchirrten, mit Amuletten behängt und eingeweicht in Weihwasser.

Argenson sah die Bemühungen der Chambre ardente scheitern und ging den König an, für das neue Verbrechen einen Gerichtshof zu ernennen, der mit noch ausgedehnterer Macht den Tätern nachspüre und sie strafe. Der König, überzeugt, schon der Chambre ardente zu viel Gewalt gegeben zu haben, erschüttert von dem Greuel unzähliger Hinrichtungen, die der blutgierige la Regnie veranlaßt, wies den Vorschlag gänzlich von der Hand.

Man wählte ein anderes Mittel, den König für die Sache zu beleben.

In den Zimmern der Maintenon, wo sich der König nachmittags aufzuhalten und wohl auch mit seinen Ministern bis in die späte Nacht hinein zu arbeiten pflegte, wurde ihm ein Gedicht überreicht im Namen der gefährdeten Liebhaber, welche klagten, daß, gebiete ihnen die Galanterie, der Geliebten ein reiches Geschenk zu bringen, sie allemal ihr Leben daran setzen müßten. Ehre und Lust sei es, im ritterlichen Kampf sein Blut für die Geliebte zu verspritzen; anders verhalte es sich aber mit dem heimtückischen Anfall des Mörders, wider den man sich nicht wappnen könne. Ludwig, der leuchtende Polarstern aller Liebe und Galanterie, der möge hellaufstrahlend die finstre Nacht zerstreuen und so das schwarze Geheimnis, das darin verborgen, enthüllen. Der göttliche Held, der seine Feinde niedergeschmettert, werde nun auch sein siegreich funkelndes Schwert zücken und wie Herkules die Lernäische Schlange, wie Theseus den Minotaur das bedrohliche Ungeheuer bekämpfen, das alle Liebeslust wegzehre und alle Freude verdüstre in tiefes Leid, in trostlose Trauer.

So ernst die Sache auch war, so fehlte es diesem Gedicht doch nicht, vorzüglich in der Schilderung, wie die Liebhaber auf dem heimlichen

Schleichwege zur Geliebten sich ängstigen müßten, wie die Angst schon alle Liebeslust, jedes schöne Abenteuer der Galanterie im Aufkeimen töte, an geistreich-witzigen Wendungen. Kam nun noch hinzu, daß beim Schluß alles in einen hochtrabenden Panegyrikus auf Ludwig XIV. ausging, so konnte es nicht fehlen, daß der König das Gedicht mit sichtlichem Wohlgefallen durchlas. Damit zustandegekommen, drehte er sich, die Augen nicht wegwendend von dem Papier, rasch um zur Maintenon, las das Gedicht noch einmal mit lauter Stimme ab und fragte dann anmutig lächelnd, was sie von den Wünschen der gefährdeten Liebhaber halte? Die Maintenon, ihrem ernsten Sinne treu und immer in der Farbe einer gewissen Frömmigkeit, erwiderte, daß geheime verbotene Wege eben keines besondern Schutzes würdig, die entsetzlichen Verbrecher aber wohl besonderer Maßregeln zu ihrer Vertilgung wert wären. Der König, mit dieser schwankenden Antwort unzufrieden, schlug das Papier zusammen und wollte zurück zu dem Staatssekretär, der in dem andern Zimmer arbeitete, als ihm bei einem Blick, den er seitwärts warf, die Scuderi ins Auge fiel, die zugegen war und eben unfern der Maintenon auf einem kleinen Lehnsessel Platz genommen hatte. Auf diese schritt er nun los; das anmutige Lächeln, das erst um Mund und Wangen spielte und das verschwunden, gewann wieder Oberhand, und dicht vor dem Fräulein stehend und das Gedicht wieder auseinander faltend, sprach er sanft: „Die Marquise mag nun einmal von den Galanterien unserer verliebten Herren nichts wissen und weicht mir aus auf Wegen, die nichts weniger als verboten sind. Aber Ihr, mein Fräulein, was haltet Ihr von dieser dichterischen Supplik?“ – Die Scuderi stand ehrerbietig auf von ihrem Lehnsessel, ein flüchtiges Rot überflog wie Abendpurpur die blassen Wangen der alten würdigen Dame, sie sprach, sich leise verneigend mit niedergeschlagenen Augen:

> Un amant qui craint les voleurs
> n’est point digne d’amour.

Der König, ganz erstaunt über den ritterlichen Geist dieser wenigen Worte, die das ganze Gedicht mit seinen ellenlangen Tiraden zu Boden schlugen, rief mit blitzenden Augen: „Beim heiligen Dionys, Ihr habt recht, Fräulein! Keine blinde Maßregel, die den Unschuldigen trifft mit dem Schuldigen, soll die Feigheit schützen; mögen Argenson und la Regnie das ihrige tun!“ –

Alle die Greuel der Zeit schilderte nun die Martiniere mit den lebhaftesten Farben, als sie am andern Morgen ihrem Fräulein erzählte, was sich in voriger Nacht zugetragen, und übergab ihr zitternd und zagend das geheimnisvolle Kästchen. Sowohl sie als Baptiste, der ganz verblaßt in der Ecke stand und vor Angst und Beklommenheit die Nachtmütze in den Händen knetend kaum sprechen konnte, baten das Fräulein auf das Wehmütigste um aller Heiligen willen, doch nur mit möglichster Behutsamkeit das Kästchen zu öffnen. Die Scuderi, das verschlossene Geheimnis in der Hand wiegend und prüfend, sprach lächelnd: „Ihr seht beide Gespenster! – Daß ich nicht reich bin, daß bei mir keine Schätze, eines Mordes wert, zu holen sind, das wissen die verruchten Meuchelmörder da draußen, die, wie ihr selbst sagt, das Innerste der Häuser erspähen, wohl ebensogut als ich und ihr. Auf mein Leben soll es abgesehen sein? Wem kann was an dem Tode liegen einer Person von dreiundsiebzig Jahren, die niemals andere verfolgte als die Bösewichter und Friedenstörer in den Romanen, die sie selbst schuf, die mittelmäßige Verse macht, welche niemandes Neid erregen können, die nichts hinterlassen wird als den Staat des alten Fräuleins, das bisweilen an den Hof ging, und ein paar Dutzend gut eingebundener Bücher mit vergoldetem Schnitt! Und du, Martiniere! du magst nun die Erscheinung des fremden Menschen so schreckhaft beschreiben, wie du willst, doch kann ich nicht glauben, daß er Böses im Sinne getragen.

Also! –“

Die Martiniere prallte drei Schritte zurück, Baptiste sank mit einem dumpfen Ach! halb in die Knie, als das Fräulein nun an einen hervorragenden stählernen Knopf drückte und der Deckel des Kästchens mit Geräusch aufsprang.

Wie erstaunte das Fräulein, als ihr aus dem Kästchen ein Paar goldne, reich mit Juwelen besetzte Armbänder und eben ein solcher Halsschmuck entgegenfunkelten. Sie nahm das Geschmeide heraus, und indem sie die wundervolle Arbeit des Halsschmucks lobte, beäugelte die Martiniere die reichen Armbänder und rief ein Mal über das andere, daß ja selbst die eitle Montespan nicht solchen Schmuck besitze. „Aber was soll das, was hat das zu bedeuten,“ sprach die Scuderi. In dem Augenblick gewahrte sie auf dem

Boden des Kästchens einen kleinen zusammengefalteten Zettel. Mit Recht hoffte sie den Aufschluß des Geheimnisses darin zu finden. Der Zettel, kaum hatte sie, was er enthielt, gelesen, entfiel ihren zitternden Händen. Sie warf einen sprechenden Blick zum Himmel und sank dann wie halb ohnmächtig in den Lehnsessel zurück. Erschrocken sprang die Martiniere, sprang Baptiste ihr bei. „O,“ rief sie nun mit von Tränen halb erstickter Stimme, „o der Kränkung, o der tiefen Beschämung! Muß mir das noch geschehen im hohen Alter! Hab' ich denn im törichten Leichtsinn gefrevelt wie ein junges, unbesonnenes Ding? – O Gott, sind Worte, halb im Scherz hingeworfen, solcher gräßlichen Deutung fähig! – Darf dann mich, die ich der Tugend getreu und der Frömmigkeit tadellos blieb von Kindheit an, darf dann mich das Verbrechen des teuflischen Bündnisses zeihen?”

Das Fräulein hielt das Schnupftuch vor die Augen und weinte und schluchzte heftig, so daß die Martiniere und Baptiste ganz verwirrt und beklommen nicht wußten, wie ihrer guten Herrschaft beistehen in ihrem großen Schmerz.

Die Martiniere hatte den verhängnisvollen Zettel von der Erde aufgehoben. Auf demselben stand:

„Un amant qui craint les voleurs
„n'est point digne d'amour.

„Euer scharfsinniger Geist, hochgeehrte Dame, hat uns, die „wir an der Schwäche und Feigheit das Recht des Stärkern „üben und uns Schätze zueignen, die auf unwürdige Weise „vergeudet werden sollten, vor großer Verfolgung errettet. Als „einen Beweis unserer Dankbarkeit nehmet gütig diesen Schmuck „an. Es ist das Kostbarste, was wir seit langer Zeit haben „auftreiben können, wiewohl Euch, würdige Dame! viel schöneres „Geschmeide zieren sollte, als dieses nun eben ist. Wir bitten, „daß Ihr uns Eure Freundschaft und Euer huldvolles Andenken nicht entziehen möget.

Die Unsichtbaren.”

„Ist es möglich,“ rief die Scuderi, als sie sich einigermaßen erholt hatte, „ist es möglich, daß man die schamlose Frechheit, den verruchten Hohn so weit treiben kann?” – Die Sonne schien hell durch die Fenstergardinen von hochroter Seide, und so kam es, daß die Brillanten, welche auf dem Tische neben dem offenen Kästchen lagen, in rötlichem Schimmer aufblitzten.

Hinblickend verhüllte die Scuderi voll Entsetzen das Gesicht und befahl der Martiniere, das fürchterliche Geschmeide, an dem das Blut der Ermordeten klebe, augenblicklich fortzuschaffen. Die Martiniere, nachdem sie Halsschmuck und Armbänder sogleich in das Kästchen verschlossen, meinte, daß es wohl am geratensten sein würde, die Juwelen dem Polizeiminister zu übergeben und ihm zu vertrauen, wie sich alles mit der beängstigenden Erscheinung des jungen Menschen und der Einhändigung des Kästchens zugetragen.

Die Scuderi stand auf und schritt schweigend langsam im Zimmer auf und nieder, als sinne sie erst nach, was nun zu tun sei. Dann befahl sie dem Baptiste, einen Tragsessel zu holen, der Martiniere aber, sie anzukleiden, weil sie auf der Stelle hin wolle zur Marquise de Maintenon.

Sie ließ sich hintragen zur Marquise gerade zu der Stunde, wenn diese, wie die Scuderi wußte, sich allein in ihren Gemächern befand. Das Kästchen mit den Juwelen nahm sie mit sich.

Wohl mußte die Marquise sich hoch verwundern, als sie das Fräulein, sonst die Würde, ja trotz ihrer hohen Jahre die Liebenswürdigkeit, die Anmut selbst, eintreten sah blaß, entstellt, mit wankenden Schritten. „Was um aller Heiligen willen ist Euch widerfahren?" rief sie der armen beängsteten Dame entgegen, die, ganz außer sich selbst, kaum imstande, sich aufrecht zu erhalten, nur schnell den Lehnsessel zu erreichen suchte, den ihr die Marquise hinschob. Endlich des Wortes wieder mächtig, erzählte das Fräulein, welche tiefe, nicht zu verschmerzende Kränkung ihr jener unbedachtsame Scherz, mit dem sie die Supplik der gefährdeten Liebhaber beantwortet, zugezogen habe. Die Marquise, nachdem sie alles von Moment zu Moment erfahren, urteilte, daß die Scuderi sich das sonderbare Ereignis viel zu sehr zu Herzen nehme, daß der Hohn verruchten Gesindels nie ein frommes edles Gemüt treffen könne, und verlangte zuletzt den Schmuck zu sehen.

Die Scuderi gab ihr das geöffnete Kästchen, und die Marquise konnte sich, als sie das köstliche Geschmeide erblickte, des lauten Ausrufs der Verwunderung nicht erwehren. Sie nahm den Halsschmuck, die Armbänder heraus und trat damit an das Fenster, wo sie bald die Juwelen an der Sonne spielen ließ, bald die zierliche Goldarbeit ganz nahe vor die Augen hielt, um nur recht zu erschauen, mit welcher wundervollen Kunst jedes kleine Häkchen der verschlungenen Ketten gearbeitet war.

Auf einmal wandte sich die Marquise rasch um nach dem Fräulein und rief: „Wißt Ihr wohl, Fräulein! daß diese Armbänder, diesen Halsschmuck niemand anders gearbeitet haben kann als René Cardillac?" – René Cardillac war damals der geschickteste Goldarbeiter in Paris, einer der kunstreichsten und zugleich sonderbarsten Menschen seiner Zeit. Eher klein als groß, aber breitschultrig und von starkem, muskulösem Körperbau hatte Cardillac, hoch in die funfziger Jahre vorgerückt, noch die Kraft, die Beweglichkeit des Jünglings. Von dieser Kraft, die ungewöhnlich zu nennen, zeugte auch das dicke, krause, rötliche Haupthaar und das gedrungene gleißende Antlitz. Wäre Cardillac nicht in Paris als der rechtlichste Ehrenmann, uneigennützig, offen, ohne Hinterhalt, stets zu helfen bereit, bekannt gewesen, sein ganz besonderer Blick aus kleinen, tiefliegenden, grün funkelnden Augen hätten ihn in den Verdacht heimlicher Tücke und Bosheit bringen können. Wie gesagt, Cardillac war in seiner Kunst der Geschickteste nicht sowohl in Paris als vielleicht überhaupt seiner Zeit. Innig vertraut mit der Natur der Edelsteine, wußte er sie auf eine Art zu behandeln und zu fassen, daß der Schmuck, der erst für unscheinbar gegolten, aus Cardillacs Werkstatt hervorging in glänzender Pracht. Jeden Auftrag übernahm er mit brennenden Begierde und machte einen Preis, der, so geringe er war, mit der Arbeit in keinem Verhältnis zu stehen schien. Dann ließ ihm das Werk keine Ruhe, Tag und Nacht hörte man ihn in seiner Werkstatt hämmern, und oft, war die Arbeit beinahe vollendet, mißfiel ihm plötzlich die Form, er zweifelte an der Zierlichkeit irgend einer Fassung der Juwelen, irgend eines kleinen Häkchens – Anlaß genug, die ganze Arbeit wieder in den Schmelztiegel zu werfen und von neuem anzufangen. So wurde jede Arbeit ein reines, unübertreffliches Meisterwerk, das den Besteller in Erstaunen setzte. Aber nun war es kaum möglich, die fertige Arbeit von ihm zu erhalten. Unter tausend Vorwänden hielt er den Besteller hin von Woche zu Woche, von Monat zu Monat. Vergebens bot man ihm das Doppelte für die Arbeit, nicht einen Louis mehr als den bedungenen Preis wollte er nehmen. Mußte er dann endlich dem Andringen des Bestellers weichen und den Schmuck herausgeben, so konnte er sich aller Zeichen des tiefsten Verdrusses, ja einer innern Wut, die in ihm kochte, nicht erwehren. Hatte er ein bedeutenderes, vorzüglich reiches Werk, vielleicht viele Tausende an Wert, bei der Kostbarkeit der Juwelen, bei der überzierlichen Goldarbeit, abliefern müssen, so war er imstande, wie unsinnig umherzulaufen, sich, seine Arbeit, alles um sich her verwünschend. Aber sowie einer hinter ihm herrannte und laut schrie: „René Cardillac, möchtet Ihr nicht einen schönen Halsschmuck machen für meine Braut – Armbänder für mein Mädchen u. s. w." dann stand er plötzlich still, blitzte den an mit seinen kleinen Augen und fragte, die Hände reibend: „Was habt Ihr denn?" Der zieht nun ein Schächtelchen hervor und spricht: „Hier sind Juwelen, viel Sonderliches ist es nicht, gemeines Zeug, doch unter Euern Händen" – Cardillac läßt ihn nicht ausreden, reißt ihm das Schächtelchen aus den Händen, nimmt die Juwelen heraus, die wirklich nicht viel wert sind, hält sie gegen das Licht und ruft voll Entzücken: „Ho ho – gemeines Zeug? – mitnichten! – hübsche Steine – herrliche Steine, laßt mich nur machen! – und wenn es Euch auf eine Handvoll Louis nicht ankommt, so will ich noch ein paar Steinchen hineinbringen, die Euch in die Augen funkeln sollen wie die liebe Sonne selbst." – Der spricht: „Ich überlasse Euch alles, Meister René, und zahle, was Ihr wollt!" Ohne Unterschied, mag er nun ein reicher Bürgersmann oder ein vornehmer Herr vom Hofe sein, wirft sich Cardillac ungestüm an seinen Hals und drückt und küßt ihn und spricht, nun sei er wieder ganz glücklich und in acht Tagen werde die Arbeit fertig sein. Er rennt über Hals und Kopf nach Hause, hinein in die Werkstatt und hämmert darauf los, und in acht Tagen ist ein Meisterwerk zustande gebracht. Aber sowie der, der es bestellte, kommt, mit Freuden die geforderte geringe Summe bezahlen und den fertigen Schmuck mitnehmen will, wird Cardillac verdrüßlich, grob, trotzig. – „Aber Meister Cardillac, bedenkt, morgen ist meine Hochzeit." – Was schert mich Eure Hochzeit, fragt in vierzehn Tagen wieder nach." – „Der Schmuck ist fertig, hier liegt das Geld, ich muß ihn haben." – „Und ich sage Euch, daß ich noch manches an dem Schmuck ändern muß und ihn heute nicht herausgeben werde." – „Und ich sage Euch, daß, wenn Ihr mir den Schmuck, den ich Euch allenfalls doppelt bezahlen will, nicht herausgebt im Guten, Ihr mich gleich mit Argensons dienstbaren Trabanten anrücken sehen sollt." – „Nun, so quäle Euch der Satan mit hundert glühenden Kneipzangen und hänge drei Zentner an den Halsschmuck, damit er Eure Braut erdroßle!" – Und damit steckt Cardillac dem Bräutigam den Schmuck in die Busentasche, ergreift ihn beim Arm, wirft ihn zur Stubentür hinaus, daß er die ganze Treppe hinabpoltert, und lacht wie der Teufel zum Fenster hinaus, wenn er sieht, wie der arme junge Mensch, das Schnupftuch vor der blutigen Nase, aus dem Hause hinaushinkt. – Gar nicht zu erklären war es auch, daß Cardillac oft, wenn er mit Enthusiasmus eine Arbeit übernahm, plötzlich den Besteller mit allen Zeichen des im Innersten aufgeregten Gemüts, mit den erschütterndsten Beteurungen, ja unter Schluchzen und Tränen, bei der Jungfrau und allen Heiligen beschwor, ihm das unternommene Werk zu erlassen. Manche der von dem Könige, von dem Volke hochgeachtetsten Personen hatten vergebens große Summen geboten, um nur das kleinste Werk von Cardillac zu erhalten. Er warf sich dem Könige zu Füßen und flehte um die Huld, nichts für ihn arbeiten zu dürfen. Ebenso verweigerte er der Maintenon jede Bestellung, ja mit dem Ausdruck des Abscheues und Entsetzens verwarf er den Antrag derselben, einen kleinen, mit den Emblemen der Kunst verzierten Ring zu fertigen, den Racine von ihr erhalten sollte.

„Ich wette," sprach daher die Maintenon, „ich wette, daß Cardillac, schicke ich auch hin zu ihm, um wenigstens zu erfahren, für wen er diesen Schmuck fertigte, sich weigert herzukommen, weil er vielleicht eine Bestellung fürchtet und doch durchaus nichts für mich arbeiten will. Wiewohl er seit einiger Zeit abzulassen scheint von seinem starren Eigensinn, denn, wie ich höre, arbeitet er jetzt fleißiger als je und liefert seine Arbeit ab auf der Stelle, jedoch noch immer mit tiefem Verdruß und weggewandtem Gesicht." Die Scuderi, der auch viel daran gelegen, daß, sei es noch möglich, der Schmuck bald in die Hände des rechtmäßigen Eigentümers komme, meinte, daß man dem Meister Sonderling ja gleich sagen lassen könne, wie man keine Arbeit, sondern nur sein Urteil über Juwelen verlange. Das billigte die Marquise. Es wurde nach Cardillac geschickt, und, als sei er schon auf dem Wege gewesen, trat er nach Verlauf weniger Zeit in das Zimmer.

Er schien, als er die Scuderi erblickte, betreten, und wie einer, der, von dem Unerwarteten plötzlich getroffen, die Ansprüche des Schicklichen, wie sie der Augenblick darbietet, vergißt, neigte er sich zuerst tief und ehrfurchtsvoll vor dieser ehrwürdigen Dame und wandte sich dann erst zur

Marquise. *Die* frug ihn hastig, indem sie auf das Geschmeide wies, das auf dem dunkelgrün behängten Tisch funkelte, ob das seine Arbeit sei? Cardillac warf kaum einen Blick darauf und packte, der Marquise ins Gesicht starrend, Armbänder und Halsschmuck schnell ein in das Kästchen, das daneben stand, und das er mit Heftigkeit von sich wegschob. Nun sprach er, indem ein häßliches Lächeln auf seinem roten Antlitz gleißte: „In der Tat, Frau Marquise, man muß René Cardillacs Arbeit schlecht kennen, um nur einen Augenblick zu glauben, daß irgend ein anderer Goldschmied in der Welt solchen Schmuck fassen könne. Freilich ist das meine Arbeit.“ „So sagt denn,“ fuhr die Marquise fort, „für wen Ihr diesen Schmuck gefertigt habt.“ „Für mich ganz allein,” erwiderte Cardillac, „ja Ihr möget,“ fuhr er fort, als beide, die Maintenon und die Scuderi, ihn ganz verwundert anblickten, jene voll Mißtrauen, diese voll banger Erwartung, wie sich nun die Sache wenden würde, „ja Ihr möget das nun seltsam finden, Frau Marquise, aber es ist dem so. Bloß der schönen Arbeit willen suchte ich meine besten Steine zusammen und arbeitete aus Freude daran fleißiger und sorgfältiger als jemals. Vor weniger Zeit verschwand der Schmuck aus meiner Werkstatt auf unbegreifliche Weise.“ „Dem Himmel sei es gedankt,“ rief die Scuderi, indem ihr die Augen vor Freude funkelten und sie rasch und behende wie ein junges Mädchen von ihrem Lehnsessel aufsprang, auf den Cardillac losschritt und beide Hände auf seine Schultern legte, „empfangt,“ sprach sie dann, „empfangt, Meister René, das Eigentum, das Euch verruchte Spitzbuben raubten, wieder zurück.” Nun erzählte sie ausführlich, wie sie zu dem Schmuck gekommen. Cardillac hörte alles schweigend mit niedergeschlagenen Augen an. Nur mitunter stieß er ein unvernehmliches: Hm! – So! – Ei! – Hoho! – aus und warf bald die Hände auf den Rücken, bald streichelte er leise Kinn und Wange. Als nun die Scuderi geendet, war es, als kämpfe Cardillac mit ganz besondern Gedanken, die währenddessen ihm gekommen, und als wolle irgend ein Entschluß sich nicht fügen und fördern. Er rieb sich die Stirne, er seufzte, er fuhr mit der Hand über die Augen, wohl gar um hervorbrechenden Tränen zu steuern. Endlich ergriff er das Kästchen, das ihm die Scuderi darbot, ließ sich auf ein Knie langsam nieder und sprach: „Euch, edles, würdiges Fräulein! hat das Verhängnis diesen Schmuck bestimmt. Ja, nun weiß ich es erst, daß ich während der Arbeit an Euch dachte, ja für Euch arbeitete. Verschmäht es nicht, diesen

Schmuck als das Beste, was ich wohl seit langer Zeit gemacht, von mir anzunehmen und zu tragen.“ „Ei, ei,“ erwiderte die Scuderi anmutig scherzend, „wo denkt Ihr hin, Meister René, steht es mir denn an, in meinen Jahren mich noch so herauszuputzen mit blanken Steinen? – Und wie kömmt Ihr denn dazu, mich so überreich zu beschenken? Geht, geht, Meister René, wär' ich so schön wie die Marquise de Fontange und reich, in der Tat, ich ließe den Schmuck nicht aus den Händen, aber was soll diesen welken Armen die eitle Pracht, was soll diesem verhüllten Hals der glänzende Putz?“ Cardillac hatte sich indessen erhoben und sprach wie außer sich, mit verwildertem Blick, indem er fortwährend das Kästchen der Scuderi hinhielt: „Tut mir die Barmherzigkeit, Fräulein, und nehmt den Schmuck. Ihr glaubt es nicht, welche tiefe Verehrung ich für Eure Tugend, für Eure hohen Verdienste im Herzen trage! Nehmt doch mein geringes Geschenk nur für das Bestreben an, Euch recht meine innerste Gesinnung zu beweisen.“ – Als nun die Scuderi immer noch zögerte und zögerte, nahm die Maintenon das Kästchen aus Cardillacs Händen, sprechend: „Nun beim Himmel, Fräulein, immer redet Ihr von Euern hohen Jahren, was haben wir, ich und Ihr, mit den Jahren zu schaffen und ihrer Last! – Und tut Ihr denn nicht eben wie ein junges verschämtes Ding, das gern zulangen möchte nach der dargebotnen süßen Frucht, könnte das nur geschehen ohne Hand und ohne Finger? – Schlagt dem wackern Meister René nicht ab, das freiwillig als Geschenk zu empfangen, was tausend andere nicht erhalten können, alles Goldes, alles Bittens und Flehens unerachtet.” –

Die Maintenon hatte der Scuderi das Kästchen währenddessen aufgedrungen, und nun stürzte Cardillac nieder auf die Knie – küßte der Scuderi den Rock – die Hände – stöhnte – seufzte – weinte – schluchzte – sprang auf – rannte wie unsinnig, Sessel – Tische umstürzend, daß Porzellain, Gläser zusammenklirrten, in toller Hast von dannen. –

Ganz erschrocken rief die Scuderi: „Um aller Heiligen willen, was widerfährt dem Menschen!” Doch die Marquise, in besonderer heiterer Laune bis zu sonst ihr ganz fremdem Mutwillen, schlug eine helle Lache auf und sprach: „Da haben wir's, Fräulein, Meister René ist in Euch sterblich verliebt und beginnt nach richtigem Brauch und bewährter Sitte echter Galanterie Euer Herz zu bestürmen mit reichen Geschenken.“ Die Maintenon führte diesen Scherz weiter aus, indem sie die Scuderi ermahnte, nicht zu grausam zu sein gegen den verzweifelten Liebhaber, und diese wurde, Raum gebend angeborner Laune, hingerissen in den sprudelnden Strom tausend lustiger Einfälle. Sie meinte, daß sie, stünden die Sachen nun einmal so, endlich besiegt wohl nicht werde umhin können, der Welt das unerhörte Beispiel einer dreiundsiebzigjährigen Goldschmiedsbraut von untadeligem Adel aufzustellen. Die Maintenon erbot sich, die Brautkrone zu flechten und sie über die Pflichten einer guten Hausfrau zu belehren, wovon freilich so ein kleiner Kiekindiewelt von Mädchen nicht viel wissen könne.

Da nun endlich die Scuderi aufstand, um die Marquise zu verlassen, wurde sie alles lachenden Scherzes ungeachtet doch wieder sehr ernst, als ihr das Schmuckkästchen zur Hand kam. Sie sprach: „Doch, Frau Marquise! werde ich mich dieses Schmuckes niemals bedienen können. Er ist, mag es sich nun zugetragen haben wie es will, einmal in den Händen jener höllischen Gesellen gewesen, die mit der Frechheit des Teufels, ja wohl gar in verdammtem Bündnis mit ihm, rauben und morden. Mir graust vor dem Blute, das an dem funkelnden Geschmeide zu kleben scheint. – Und nun hat selbst Cardillacs Betragen, ich muß es gestehen, für mich etwas sonderbar Ängstliches und Unheimliches. Nicht erwehren kann ich mich einer dunklen Ahnung, daß hinter diesem allem irgend ein grauenvolles, entsetzliches Geheimnis verborgen, und bringe ich mir die ganze Sache recht deutlich vor Augen mit jedem Umstande, so kann ich doch wieder gar nicht auch nur ahnen, worin das Geheimnis bestehe, und wie überhaupt der ehrliche, wackere Meister René, das Vorbild eines guten, frommen Bürgers, mit irgend etwas Bösem, Verdammlichem zu tun haben soll. So viel ist aber gewiß, daß ich niemals mich unterstehen werde, den Schmuck anzulegen.“

Die Marquise meinte, das hieße die Skrupel zu weit treiben; als nun aber die Scuderi sie auf ihr Gewissen fragte, was sie in ihrer, der Scuderi, Lage wohl tun würde, antwortete sie ernst und fest: „Weit eher den Schmuck in die Seine werfen, als ihn jemals tragen.“

Den Auftritt mit dem Meister René brachte die Scuderi in gar anmutige Verse, die sie den folgenden Abend in den Gemächern der Maintenon dem Könige vorlas. Wohl mag es sein, daß sie auf Kosten Meister Renés, alle Schauer unheimlicher Ahnung besiegend, das ergötzliche Bild der dreiundsiebzigjährigen Goldschmiedsbraut von uraltem Adel mit lebendigen Farben darzustellen gewußt. Genug, der König lachte bis ins Innerste hinein und schwur, daß Boileau Despréaux seinen Meister gefunden, weshalb der Scuderi Gedicht für das Witzigste galt, das jemals geschrieben.

Mehrere Monate waren vergangen, als der Zufall es wollte, daß die Scuderi in der Glaskutsche der Herzogin von Montansier über den Pontneuf fuhr. Noch war die Erfindung der zierlichen Glaskutschen so neu, daß das neugierige Volk sich zudrängte, wenn ein Fuhrwerk der Art auf den Straßen erschien. So kam es denn auch, daß der gaffende Pöbel auf dem Pontneuf die Kutsche der Montansier umringte, beinahe den Schritt der Pferde hemmend. Da vernahm die Scuderi plötzlich ein Geschimpfe und Gefluche und gewahrte, wie ein Mensch mit Faustschlägen und Rippenstößen sich Platz machte durch die dickste Masse. Und wie er näher kam, trafen sie die durchbohrenden Blicke eines todbleichen, gramverstörten Jünglings-Antlitzes. Unverwandt schaute der junge Mensch sie an, während er mit Ellbogen und Fäusten rüstig vor sich wegarbeitete, bis er an den Schlag des Wagens kam, den er mit stürmender Hastigkeit aufriß, der Scuderi einen Zettel in den Schoß warf und, Stöße, Faustschläge austeilend und empfangend, verschwand, wie er gekommen. Mit einem Schrei des Entsetzens war, sowie der Mensch am Kutschenschlage erschien, die Martiniere, die sich bei der Scuderi befand, entseelt in die Wagenkissen zurückgesunken. Vergebens riß die Scuderi an der Schnur, rief dem Kutscher zu; der, wie vom bösen Geiste getrieben, peitschte auf die Pferde los, die, den Schaum von den Mäulern wegspritzend, um sich schlugen, sich bäumten, endlich in scharfem Trab fortdonnerten über die Brücke. Die Scuderi goß ihr Riechfläschchen über die ohnmächtige Frau aus, die endlich die Augen aufschlug und zitternd und bebend, sich krampfhaft festklammernd an die Herrschaft, Angst und Entsetzen im bleichen Antlitz, mühsam stöhnte: „Um der heiligen Jungfrau willen! was wollte der fürchterliche Mensch? – Ach! er war es ja, er war es, derselbe, der Euch in jener schauervollen Nacht das Kästchen brachte!“ – Die Scuderi beruhigte die Arme, indem sie ihr vorstellte, daß ja durchaus nichts Böses geschehen, und daß es nur darauf ankomme, zu wissen, was der Zettel enthalte. Sie schlug das Blättchen auseinander und fand die Worte:

> Ein böses Verhängnis, das Ihr abwenden konntet, stößt mich in den Abgrund! – Ich beschwöre Euch wie der Sohn die Mutter, von der er nicht lassen kann, in der vollsten Glut kindlicher Liebe, den Halsschmuck und die Armbänder, die Ihr durch mich erhieltet, unter irgend einem Vorwand – um irgend etwas daran bessern – ändern zu lassen, zum Meister René Cardillac zu schaffen; Euer Wohl, Euer Leben hängt davon ab. Tut Ihr es nicht bis übermorgen, so dringe ich in Eure Wohnung und ermorde mich vor Euren Augen!

„Nun ist es gewiß," sprach die Scuderi, als sie dies gelesen, „daß, mag der geheimnisvolle Mensch auch wirklich zu der Bande verruchter Diebe und Mörder gehören, er doch gegen mich nichts Böses im Schilde führt. Wäre es ihm gelungen, mich in jener Nacht zu sprechen, wer weiß, welches sonderbare Ereignis, welch dunkles Verhältnis der Dinge mir klar worden, von dem ich jetzt auch nur die leiseste Ahnung vergebens in meiner Seele suche. Mag aber auch die Sache sich nun verhalten, wie sie will, das was mir in diesem Blatt geboten wird, werde ich tun, und geschähe es auch nur, um den unseligen Schmuck los zu werden, der mir ein höllischer Talisman des Bösen selbst dünkt. Cardillac wird ihn doch wohl nun, seiner alten Sitte getreu, nicht so leicht wieder aus den Händen geben wollen."

Schon andern Tages gedachte die Scuderi, sich mit dem Schmuck zu dem Goldschmied zu begeben. Doch war es, als hätten alle schönen Geister von ganz Paris sich verabredet, gerade an dem Morgen das Fräulein mit Versen, Schauspielen, Anekdoten zu bestürmen. Kaum hatte la Chapelle die Szene eines Trauerspiels geendet und schlau versichert, daß er nun wohl Racine zu schlagen gedenke, als dieser selbst eintrat und ihn mit irgend eines Königs pathetischer Rede zu Boden schlug, bis Boileau seine Leuchtkugeln in den schwarzen tragischen Himmel steigen ließ, um nur nicht ewig von der Kolonnade des Louvre schwatzen zu hören, in die ihn der architektische Doktor Perrault hineingeengt.

Hoher Mittag war geworden, die Scuderi mußte zur Herzogin Montansier, und so blieb der Besuch bei Meister René Cardillac bis zum andern Morgen verschoben.

Die Scuderi fühlte sich von einer besondern Unruhe gepeinigt. Beständig vor Augen stand ihr der Jüngling, und aus dem tiefsten Innern wollte sich eine dunkle Erinnerung aufregen, als habe sie dies Antlitz, diese Züge schon gesehen. Den leisesten Schlummer störten ängstliche Träume, es war ihr, als habe sie leichtsinnig, ja strafwürdig versäumt, die Hand hülfreich zu erfassen, die der Unglückliche, in den Abgrund versinkend, nach ihr emporgestreckt, ja als sei es an ihr gewesen, irgend einem verderblichen Ereignis, einem heillosen Verbrechen zu steuern! – Sowie es nur hoher Morgen, ließ sie sich ankleiden und fuhr, mit dem Schmuckkästchen versehen, zu dem Goldschmied hin.

Nach der Straße Nicaise, dorthin, wo Cardillac wohnte, strömte das Volk, sammelte sich vor der Haustüre – schrie, lärmte, tobte – wollte stürmend hinein, mit Mühe abgehalten von der Marechaussee, die das Haus umstellt. Im wilden, verwirrten Getöse riefen zornige Stimmen: „Zerreißt, zermalmt den verfluchten Mörder!“ – Endlich erscheint Desgrais mit zahlreicher Mannschaft, *die* bildet durch den dicksten Haufen eine Gasse. Die Haustüre springt auf, ein Mensch, mit Ketten belastet, wird hinausgebracht und unter den greulichsten Verwünschungen des wütenden Pöbels fortgeschleppt. – In dem Augenblick, als die Scuderi halb entseelt vor Schreck und furchtbarer Ahnung dies gewahrt, dringt ein gellendes Jammergeschrei ihr in die Ohren. „Vor! – weiter vor!“ ruft sie ganz außer sich dem Kutscher zu, der mit einer geschickten raschen Wendung den dicken Haufen auseinanderstäubt und dicht vor Cardillacs Haustüre hält. Da sieht die Scuderi Desgrais und zu seinen Füßen ein junges Mädchen, schön wie der Tag, mit aufgelösten Haaren, halb entkleidet, wilde Angst, trostlose Verzweiflung im Antlitz, die hält seine Knie umschlungen und ruft mit dem Ton des entsetzlichsten, schneidendsten Todesschmerzes: „Er ist ja unschuldig! – er ist unschuldig!” Vergebens sind Desgrais’, vergebens seiner Leute Bemühungen, sie loszureißen, sie vom Boden aufzurichten. Ein starker ungeschlachter Kerl ergreift endlich mit plumpen Fäusten die Arme, zerrt sie mit Gewalt weg von Desgrais, strauchelt ungeschickt, läßt das Mädchen fahren, die hinabschlägt die steinernen Stufen und lautlos – tot auf der Straße liegen bleibt. Länger kann die Scuderi sich nicht halten. „In Christus Namen, was ist geschehen, was geht hier vor?” ruft sie, öffnet rasch den Schlag, steigt aus. – Ehrerbietig weicht das Volk der würdigen

Dame, die, als sie sieht, wie ein paar mitleidige Weiber das Mädchen aufgehoben, auf die Stufen gesetzt haben, ihr die Stirne mit starkem Wasser reiben, sich dem Desgrais nähert und mit Heftigkeit ihre Frage wiederholt. „Es ist das Entsetzliche geschehen," spricht Desgrais, „René Cardillac wurde heute Morgen durch einen Dolchstich ermordet gefunden. Sein Geselle Olivier Brußon ist der Mörder. Eben wurde er fortgeführt ins Gefängnis." – „Und das Mädchen?" ruft die Scuderi, – „ist," fällt Desgrais ein, „ist Madelon, Cardillacs Tochter. Der verruchte Mensch war ihr Geliebter. Nun weint und heult sie und schreit ein Mal übers andere, daß Olivier unschuldig sei, ganz unschuldig. Am Ende weiß sie von der Tat, und ich muß sie auch nach der Conciergerie bringen lassen." Desgrais warf, als er dies sprach, einen tückischen, schadenfrohen Blick auf das Mädchen, vor dem die Scuderi erbebte. Eben begann das Mädchen leise zu atmen, doch keines Lauts, keiner Bewegung mächtig, mit geschlossenen Augen lag sie da, und man wußte nicht, was zu tun, sie ins Haus bringen oder ihr noch länger beistehen bis zum Erwachen. Tief bewegt, Tränen in den Augen, blickte die Scuderi den unschuldsvollen Engel an, ihr graute vor Desgrais und seinen Gesellen. Da polterte es dumpf die Treppe herab, man brachte Cardillacs Leichnam. Schnell entschlossen rief die Scuderi laut: „Ich nehme das Mädchen mit mir, Ihr möget für das übrige sorgen, Desgrais!" Ein dumpfes Murmeln des Beifalls lief durch das Volk. Die Weiber hoben das Mädchen in die Höhe, alles drängte sich hinzu, hundert Hände mühten sich, ihnen beizustehen, und wie in den Lüften schwebend wurde das Mädchen in die Kutsche getragen, indem Segnungen der würdigen Dame, die die Unschuld dem Blutgericht entrissen, von allen Lippen strömten.

Serons, des berühmtesten Arztes in Paris, Bemühungen gelang es endlich, Madelon, die stundenlang in starrer Bewußtlosigkeit gelegen, wieder zu sich selbst zu bringen. Die Scuderi vollendete, was der Arzt begonnen, indem sie manchen milden Hoffnungsstrahl leuchten ließ in des Mädchens Seele, bis ein heftiger Tränenstrom, der aus ihren Augen stürzte, ihr Luft machte. Sie vermochte, indem nur dann und wann die Übermacht des durchbohrendsten Schmerzes die Worte in tiefem Schluchzen erstickte, zu erzählen, wie sich alles begeben.

Um Mitternacht war sie durch leises Klopfen an ihrer Stubentüre geweckt worden und hatte Oliviers Stimme vernommen, der sie beschworen, doch nur gleich aufzustehen, weil der Vater im Sterben liege. Entsetzt sei sie aufgesprungen und habe die Tür geöffnet. Olivier, bleich und entstellt, von Schweiß triefend, sei, das Licht in der Hand, mit wankenden Schritten nach der Werkstatt gegangen, sie ihm gefolgt. Da habe der Vater gelegen mit starren Augen und geröchelt im Todeskampfe. Jammernd habe sie sich auf ihn gestürzt und nun erst sein blutiges Hemde bemerkt. Olivier habe sie sanft weggezogen und sich dann bemüht, eine Wunde auf der linken Brust des Vaters mit Wundbalsam zu waschen und zu verbinden. Währenddessen sei des Vaters Besinnung zurückgekehrt, er habe zu röcheln aufgehört und sie, dann aber Olivier mit seelenvollem Blick angeschaut, ihre Hand ergriffen, sie in Oliviers Hand gelegt und beide heftig gedrückt. Beide, Olivier und sie, wären bei dem Lager des Vaters auf die Knie gefallen, er habe sich mit einem schneidenden Laut in die Höhe gerichtet, sei aber gleich wieder zurückgesunken und mit einem tiefen Seufzer verschieden. Nun hätten sie beide laut gejammert und geklagt. Olivier habe erzählt, wie der Meister auf einem Gange, den er mit ihm auf sein Geheiß in der Nacht habe machen müssen, in seiner Gegenwart ermordet worden, und wie er mit der größten Anstrengung den schweren Mann, den er nicht auf den Tod verwundet gehalten, nach Hause getragen. Sowie der Morgen angebrochen, wären die Hausleute, denen das Gepolter, das laute Weinen und Jammern in der Nacht aufgefallen, heraufgekommen und hätten sie noch ganz trostlos bei der Leiche des Vaters kniend gefunden. Nun sei Lärm entstanden, die Marechaussee eingedrungen und Olivier als Mörder seines Meisters ins Gefängnis geschleppt worden. Madelon fügte nun die rührendste Schilderung von der Tugend, der Frömmigkeit, der Treue ihres geliebten Olivier hinzu. Wie er den Meister, als sei er sein eigener Vater, hoch in Ehren gehalten, wie dieser seine Liebe in vollem Maß erwidert, wie er ihn trotz seiner Armut zum Eidam erkoren, weil seine Geschicklichkeit seiner Treue, seinem edlen Gemüt gleichgekommen. Das alles erzählte Madelon aus dem innersten Herzen heraus und schloß damit, daß, wenn Olivier in ihrem Beisein dem Vater den Dolch in die Brust gestoßen hätte, sie dies eher für ein Blendwerk des Satans halten, als daran glauben würde, daß Olivier eines solchen entsetzlichen, grauenvollen Verbrechens fähig sein könne.

Die Scuderi, von Madelons namenlosen Leiden auf das tiefste gerührt und ganz geneigt, den armen Olivier für unschuldig zu halten, zog Erkundigungen ein und fand alles bestätigt, was Madelon über das häusliche Verhältnis des Meisters mit seinem Gesellen erzählt hatte. Die Hausleute, die Nachbarn rühmten einstimmig den Olivier als das Muster eines sittigen, frommen, treuen, fleißigen Betragens, niemand wußte Böses von ihm, und doch, war von der gräßlichen Tat die Rede, zuckte jeder die Achseln und meinte, darin liege etwas Unbegreifliches.

Olivier, vor die Chambre ardente gestellt, leugnete, wie die Scuderi vernahm, mit der größten Standhaftigkeit, mit dem hellsten Freimut die ihm angeschuldigte Tat und behauptete, daß sein Meister in seiner Gegenwart auf der Straße angefallen und niedergestoßen worden, daß er ihn aber noch lebendig nach Hause geschleppt, wo er sehr bald verschieden sei. Auch dies stimmte also mit Madelons Erzählung überein.

Immer und immer wieder ließ sich die Scuderi die kleinsten Umstände des schrecklichen Ereignisses wiederholen. Sie forschte genau, ob jemals ein Streit zwischen Meister und Gesellen vorgefallen, ob vielleicht Olivier nicht ganz frei von jenem Jähzorn sei, der oft wie ein blinder Wahnsinn die gutmütigsten Menschen überfällt und zu Taten verleitet, die alle Willkür des Handelns auszuschließen scheinen. Doch je begeisterter Madelon von dem ruhigen häuslichen Glück sprach, in dem die drei Menschen in innigster Liebe verbunden lebten, desto mehr verschwand jeder Schatten des Verdachts wider den auf den Tod angeklagten Olivier. Genau alles prüfend, davon ausgehend, daß Olivier unerachtet alles dessen, was laut für seine Unschuld spräche, dennoch Cardillacs Mörder gewesen, fand die Scuderi im Reich der Möglichkeit keinen Beweggrund zu der entsetzlichen Tat, die in jedem Fall Oliviers Glück zerstören mußte. – Er ist arm, aber geschickt. – Es gelingt ihm, die Zuneigung des berühmtesten Meisters zu gewinnen, er liebt die Tochter, der Meister begünstigt seine Liebe; Glück, Wohlstand für sein ganzes Leben wird ihm erschlossen! – Sei es aber nun, daß, Gott weiß, auf welche Weise gereizt, Olivier vom Zorn übermannt, seinen Wohltäter, seinen Vater mörderisch anfiel, welche teuflische Heuchelei gehört dazu, nach der Tat sich so zu betragen, als es wirklich geschah! – Mit der festen Überzeugung von Oliviers Unschuld faßte die Scuderi den Entschluß, den unschuldigen Jüngling zu retten, koste es, was es wolle.

Es schien ihr, ehe sie die Huld des Königs selbst vielleicht anrufe, am geratensten, sich an den Präsidenten la Regnie zu wenden, ihn auf alle Umstände, die für Oliviers Unschuld sprechen mußten, aufmerksam zu machen, und so vielleicht in des Präsidenten Seele eine innere, dem Angeklagten günstige Überzeugung zu erwecken, die sich wohltätig den Richtern mitteilen sollte.

La Regnie empfing die Scuderi mit der hohen Achtung, auf die die würdige Dame, von dem Könige selbst hochgeehrt, gerechten Anspruch machen konnte. Er hörte ruhig alles an, was sie über die entsetzliche Tat, über Oliviers Verhältnisse, über seinen Charakter vorbrachte. Ein feines, beinahe hämisches Lächeln war indessen alles, womit er bewies, daß die Beteurungen, die von häufigen Tränen begleiteten Ermahnungen, wie jeder Richter nicht der Feind des Angeklagten sein, sondern auch auf alles achten müsse, was zu seinen Gunsten spräche, nicht an gänzlich tauben Ohren vorüberglitten. Als das Fräulein nun endlich ganz erschöpft, die Tränen von den Augen wegtrocknend, schwieg, fing la Regnie an: „Es ist ganz Eures vortrefflichen Herzens würdig, mein Fräulein, daß Ihr, gerührt von den Tränen eines jungen verliebten Mädchens, alles glaubt, was sie vorbringt, ja daß Ihr nicht fähig seid, den Gedanken einer entsetzlichen Untat zu fassen, aber anders ist es mit dem Richter, der gewohnt ist, frecher Heuchelei die Larve abzureißen. Wohl mag es nicht meines Amts sein, jedem, der mich frägt, den Gang eines Kriminalprozesses zu entwickeln. Fräulein! ich tue meine Pflicht, wenig kümmert mich das Urteil der Welt. Zittern sollen die Bösewichter vor der Chambre ardente, die keine Strafe kennt als Blut und Feuer. Aber von Euch, mein würdiges Fräulein, möcht' ich nicht für ein Ungeheuer gehalten werden an Härte und Grausamkeit, darum vergönnt mir, daß ich Euch mit wenigen Worten die Blutschuld des jungen Bösewichts, der, dem Himmel sei es gedankt! der Rache verfallen ist, klar vor Augen lege. Euer scharfsinniger Geist wird dann selbst die Gutmütigkeit verschmähen, die Euch Ehre macht, mir aber gar nicht anstehen würde. –

Also! – Am Morgen wird René Cardillac durch einen Dolchstoß ermordet gefunden. Niemand ist bei ihm als sein Geselle Olivier Brußon und die Tochter. In Oliviers Kammer, unter andern, findet man einen Dolch von frischem Blute gefärbt, der genau in die Wunde paßt. 'Cardillac ist,' spricht Olivier, 'in der Nacht vor meinen Augen niedergestoßen worden.' – Man wollte ihn berauben? – 'Das weiß ich nicht!' – Du gingst mit ihm, und es war dir nicht möglich, dem Mörder zu wehren? – ihn festzuhalten? um Hülfe zu rufen? – 'Funfzehn, wohl zwanzig Schritte vor mir ging der Meister, ich folgte ihm.' – Warum in aller Welt so entfernt? – 'Der Meister wollt' es so.' – Was hatte überhaupt Meister Cardillac so spät auf der Straße zu tun? – 'Das kann ich nicht sagen.' – Sonst ist er aber doch niemals nach neun Uhr abends aus dem Hause gekommen? – Hier stockt Olivier, er ist bestürzt, er seufzt, er vergießt Tränen, er beteuert bei allem, was heilig, daß Cardillac wirklich in jener Nacht ausgegangen sei und seinen Tod gefunden habe. Nun merkt aber wohl auf, mein Fräulein. Erwiesen ist es bis zur vollkommensten Gewißheit, daß Cardillac in jener Nacht das Haus nicht verließ, mithin ist Oliviers Behauptung, er sei mit ihm wirklich ausgegangen, eine freche Lüge. Die Haustüre ist mit einem schweren Schloß versehen, welches bei dem Auf- und Zuschließen ein durchdringendes Geräusch macht, dann aber bewegt sich der Türflügel widrig knarrend und heulend in den Angeln, so daß, wie es angestellte Versuche bewährt haben, selbst im obersten Stock des Hauses das Getöse widerhallt. Nun wohnt in dem untersten Stock, also dicht neben der Haustüre, der alte Meister Claude Patru mit seiner Aufwärterin, einer Person von beinahe achtzig Jahren, aber noch munter und rührig. Diese beiden Personen hörten, wie Cardillac nach seiner gewöhnlichen Weise an jenem Abend Punkt neun Uhr die Treppe hinabkam, die Türe mit vielem Geräusch verschloß und verrammelte, dann wieder hinaufstieg, den Abendsegen laut las und dann, wie man es an dem Zuschlagen der Türe vernehmen konnte, in sein Schlafzimmer ging. Meister Claude leidet an Schlaflosigkeit, wie es alten Leuten wohl zu gehen pflegt. Auch in jener Nacht konnte er kein Auge zutun. Die Aufwärterin schlug daher, es mochte halb zehn Uhr sein, in der Küche, in die sie, über den Hausflur gehend, gelangt, Licht an und setzte sich zum Meister Claude an den Tisch mit einer alten Chronik, in der sie las, während der Alte, seinen Gedanken nachhängend, bald sich in den Lehnstuhl setzte, bald wieder aufstand und, um Müdigkeit und Schlaf zu gewinnen, im Zimmer leise und langsam auf und ab schritt. Es blieb alles still und ruhig bis nach Mitternacht. Da hörte sie über sich scharfe Tritte, einen harten Fall, als stürze eine schwere Last zu Boden, und gleich darauf ein dumpfes Stöhnen. In beide kam eine seltsame Angst und Beklommenheit. Die Schauer der entsetzlichen Tat, die eben begangen, gingen bei ihnen vorüber. – Mit dem hellen Morgen trat dann ans Licht, was in der Finsternis begonnen." – „Aber," fiel die Scuderi ein, „aber um aller Heiligen willen, könnt Ihr bei allen Umständen, die ich erst weitläufig erzählte, Euch denn irgend einen Anlaß zu dieser Tat der Hölle denken?" – „Hm," erwiderte la Regnie, „Cardillac war nicht arm – im Besitz vortrefflicher Steine." – „Bekam," fuhr die Scuderi fort, „bekam denn nicht alles die Tochter?" – Ihr vergeßt, daß Olivier Cardillacs Schwiegersohn werden sollte." Er mußte vielleicht teilen oder gar nur für andere morden," sprach la Regnie. „Teilen, für andere morden?" fragte die Scuderi in vollem Erstaunen. „Wißt," fuhr der Präsident fort, „wißt, mein Fräulein! daß Olivier schon längst geblutet hätte auf dem Greveplatz, stünde seine Tat nicht in Beziehung mit dem dicht verschleierten Geheimnis, das bisher so bedrohlich über ganz Paris waltete. Olivier gehört offenbar zu jener verruchten Bande, die, alle Aufmerksamkeit, alle Mühe, alles Forschen der Gerichtshöfe verspottend, ihre Streiche sicher und ungestraft zu führen wußte. Durch ihn wird – muß alles klar werden. Die Wunde Cardillacs ist denen ganz ähnlich, die alle auf der Straße, in den Häusern Ermordete und Beraubte trugen. Dann aber das Entscheidendste: seit der Zeit, daß Olivier Brußon verhaftet ist, haben alle Mordtaten, alle Beraubungen aufgehört. Sicher sind die Straßen zur Nachtzeit wie am Tage. Beweis genug, daß Olivier vielleicht an der Spitze jener Mordbande stand. Noch will er nicht bekennen, aber es gibt Mittel, ihn sprechen zu machen wider seinen Willen." – „Und Madelon," rief die Scuderi, „und Madelon, die treue, unschuldige Taube." – „Ei," sprach la Regnie mit einem giftigen Lächeln, „ei, wer steht mir dafür, daß sie nicht mit im Komplott ist. Was ist ihr an dem Vater gelegen, nur dem Mordbuben gelten ihre Tränen." – „Was sagt Ihr," schrie die Scuderi, „es ist nicht möglich; den Vater! dieses Mädchen!" – „O!" fuhr la Regnie fort, „o! denkt doch nur an die Brinvillier! Ihr möget es mir verzeihen, wenn ich mich vielleicht bald genötigt sehe, Euch Euern Schützling zu entreißen und in die Conciergerie werfen zu lassen.” – Der Scuderi ging ein Grausen an bei diesem entsetzlichen Verdacht. Es war ihr, als könne vor diesem schrecklichen Manne keine Treue, keine Tugend bestehen, als spähe er in den tiefsten, geheimsten Gedanken Mord und Blutschuld. Sie stand auf. „Seid menschlich,“ das war alles, was sie beklommen, mühsam atmend hervorbringen konnte. Schon im Begriff, die Treppe hinabzusteigen, bis zu der der Präsident sie mit zeremoniöser Artigkeit begleitet hatte, kam ihr, selbst wußte sie nicht wie, ein seltsamer Gedanke. „Würd’ es mir wohl erlaubt sein, den unglücklichen Olivier Brußon zu sehen?” So fragte sie den Präsidenten, sich rasch umwendend. Dieser schaute sie mit bedenklicher Miene an, dann verzog sich sein Gesicht in jenes widrige Lächeln, das ihm eigen. „Gewiß,” sprach er, „gewiß wollt Ihr nun, mein würdiges Fräulein, Euerm Gefühl, der innern Stimme mehr vertrauend als dem, was vor unsern Augen geschehen, selbst Oliviers Schuld oder Unschuld prüfen. Scheut Ihr nicht den düstern Aufenthalt des Verbrechens, ist es Euch nicht gehässig, die Bilder der Verworfenheit in allen Abstufungen zu sehen, so sollen für Euch in zwei Stunden die Tore der Conciergerie offen sein. Man wird Euch diesen Olivier, dessen Schicksal Eure Teilnahme erregt, vorstellen.”

In der Tat konnte sich die Scuderi von der Schuld des jungen Menschen nicht überzeugen. Alles sprach wider ihn, ja kein Richter in der Welt hätte anders gehandelt wie la Regnie bei solch entscheidenden Tatsachen. Aber das Bild häuslichen Glücks, wie es Madelon mit den lebendigsten Zügen der Scuderi vor Augen gestellt, überstrahlte jeden bösen Verdacht, und so mochte sie lieber ein unerklärliches Geheimnis annehmen, als daran glauben, wogegen ihr ganzes Inneres sich empörte.

Sie gedachte, sich von Olivier noch einmal alles, wie es sich in jener verhängnisvollen Nacht begeben, erzählen zu lassen und so viel möglich in ein Geheimnis zu dringen, das vielleicht den Richtern verschlossen geblieben, weil es wertlos schien, sich weiter darum zu bekümmern.

In der Conciergerie angekommen, führte man die Scuderi in ein großes helles Gemach. Nicht lange darauf vernahm sie Kettengerassel. Olivier Brußon wurde gebracht. Doch sowie er in die Türe trat, sank auch die Scuderi ohnmächtig nieder. Als sie sich erholt hatte, war Olivier verschwunden. Sie verlangte mit Heftigkeit, daß man sie nach dem Wagen bringe, fort, augenblicklich fort wollte sie aus den Gemächern der frevelnden Verruchtheit. Ach! – auf den ersten Blick hatte sie in Olivier Brußon den jungen Menschen erkannt, der auf dem Pontneuf jenes Blatt ihr in den Wagen geworfen, der ihr das Kästchen mit den Juwelen gebracht hatte. – Nun war ja jeder Zweifel gehoben, la Regnies schreckliche Vermutung ganz bestätigt. Olivier Brusson gehört zu der fürchterlichen Mordbande, gewiß ermordete er auch den Meister! – Und Madelon? – So bitter noch nie vom innern Gefühl getäuscht, auf den Tod angepackt von der höllischen Macht auf Erden, an deren Dasein sie nicht geglaubt, verzweifelte die Scuderi an aller Wahrheit. Sie gab Raum dem entsetzlichen Verdacht, daß Madelon mit verschworen sein und teil haben könne an der gräßlichen Blutschuld. Wie es denn geschieht, daß der menschliche Geist, ist ihm ein Bild aufgegangen, emsig Farben sucht und findet, es greller und greller auszumalen, so fand auch die Scuderi, jeden Umstand der Tat, Madelons Betragen in den kleinsten Zügen erwägend, gar vieles, jenen Verdacht zu nähren. So wurde manches, was ihr bisher als Beweis der Unschuld und Reinheit gegolten, sicheres Merkmal frevelicher Bosheit, studierter Heuchelei. Jener herzzerreißende Jammer, die blutigen Tränen konnten wohl erpreßt sein von der Todesangst, nicht den Geliebten bluten zu sehen, nein – selbst zu fallen unter der Hand des Henkers. Gleich sich die Schlange, die sie im Busen nähre, vom Halse zu schaffen; mit diesem Entschluß stieg die Scuderi aus dem Wagen. In ihr Gemach eingetreten, warf Madelon sich ihr zu Füßen. Die Himmelsaugen, ein Engel Gottes hat sie nicht treuer, zu ihr emporgerichtet, die Hände vor der wallenden Brust zusammengefaltet, jammerte und flehte sie laut um Hülfe und Trost. Die Scuderi, sich mühsam zusammenfassend, sprach, indem sie dem Ton ihrer Stimme so viel Ernst und Ruhe zu geben suchte, als ihr möglich: „Geh' – geh' – tröste dich nur über den Mörder, den die gerechte Strafe seiner Schandtaten erwartet. – Die heilige Jungfrau möge verhüten, daß nicht auf dir selbst eine Blutschuld schwer laste." – „Ach, nun ist alles verloren!" – Mit diesem gellenden Ausruf stürzte Madelon ohnmächtig zu Boden. Die Scuderi überließ die Sorge um das Mädchen der Martiniere und entfernte sich in ein anderes Gemach. –

Ganz zerrissen im Innern, entzweit mit allem Irdischen, wünschte die Scuderi nicht mehr in einer Welt voll höllischen Truges zu leben. Sie klagte das Verhängnis an, das in bitterm Hohn ihr so viele Jahre gegönnt, ihren Glauben an Tugend und Treue zu stärken, und nun in ihrem Alter das schöne Bild vernichte, welches ihr im Leben geleuchtet.

Sie vernahm, wie die Martiniere Madelon fortbrachte, die leise seufzte und jammerte: „Ach! – auch *sie* – auch *sie* haben die Grausamen betört. – Ich Elende – armer, unglücklicher Olivier!“ – Die Töne drangen der Scuderi ins Herz, und aufs neue regte sich aus dem tiefsten Innern heraus die Ahnung eines Geheimnisses, der Glaube an Oliviers Unschuld. Bedrängt von den widersprechendsten Gefühlen, ganz außer sich rief die Scuderi: „Welcher Geist der Hölle hat mich in die entsetzliche Geschichte verwickelt, die mir das Leben kosten wird!” – In dem Augenblick trat Baptiste hinein, bleich und erschrocken, mit der Nachricht, daß Desgrais draußen sei. Seit dem abscheulichen Prozeß der la Voisin war Desgrais’ Erscheinung in einem Hause der gewisse Vorbote irgend einer peinlichen Anklage, daher kam Baptistes Schreck, deshalb fragte ihn das Fräulein mit mildem Lächeln: „Was ist dir, Baptiste? – Nicht wahr! – der Name Scuderi befand sich auf der Liste der la Voisin?” „Ach, um Christus willen,” erwiderte Baptiste, am ganzen Leibe zitternd, „wie möget Ihr nur so etwas aussprechen, aber Desgrais – der entsetzliche Desgrais tut so geheimnisvoll, so dringend, er scheint es gar nicht erwarten zu können, Euch zu sehen!” – „Nun,“ sprach die Scuderi, „nun, Baptiste, so führt ihn nur gleich herein den Menschen, der Euch so fürchterlich ist, und der *mir* wenigstens keine Besorgnis erregen kann.” – „Der Präsident,” sprach Desgrais, als er ins Gemach getreten, „der Präsident la Regnie schickt mich zu Euch, mein Fräulein, mit einer Bitte, auf deren Erfüllung er gar nicht hoffen würde, kennte er nicht Euere Tugend, Euern Mut, läge nicht das letzte Mittel, eine böse Blutschuld an den Tag zu bringen, in Euern Händen, hättet Ihr nicht selbst schon teil genommen an dem bösen Prozeß, der die Chambre ardente, uns alle in Atem hält. Olivier Brußon, seitdem er Euch gesehen hat, ist halb rasend. So sehr er schon zum Bekenntnis sich zu neigen schien, so schwört er doch jetzt aufs neue bei Christus und allen Heiligen, daß er an dem Morde Cardillacs ganz unschuldig sei, wiewohl er den Tod gern leiden wolle, den er verdient habe. Bemerkt, mein Fräulein, daß der letzte Zusatz offenbar auf andere Verbrechen deutet, die auf ihm lasten. Doch vergebens ist alle Mühe, nur ein Wort weiter herauszubringen, selbst die Drohung mit der Tortur hat nichts gefruchtet. Er fleht, er beschwört uns, ihm eine Unterredung mit Euch zu verschaffen, *Euch* nur, *Euch* allein will er alles gestehen. Laßt Euch herab, mein Fräulein, Brußons Bekenntnis zu hören." „Wie!" rief die Scuderi ganz entrüstet, „soll ich dem Blutgericht zum Organ dienen, soll ich das Vertrauen des unglücklichen Menschen mißbrauchen, ihn aufs Blutgerüst zu bringen? – Nein Desgrais! mag Brußon auch ein verruchter Mörder sein, nie wär' es mir doch möglich, ihn so spitzbübisch zu hintergehen. Nichts mag ich von seinen Geheimnissen erfahren, die wie eine heilige Beichte in meiner Brust verschlossen bleiben würden." „Vielleicht," versetzte Desgrais mit einem feinen Lächeln, „vielleicht, mein Fräulein, ändert sich Eure Gesinnung, wenn Ihr Brußon gehört habt. Batet Ihr den Präsidenten nicht selbst, er sollte menschlich sein? Er tut es, indem er dem törichten Verlangen Brußons nachgibt und so das letzte Mittel versucht, ehe er die Tortur verhängt, zu der Brußon längst reif ist." Die Scuderi schrak unwillkürlich zusammen. „Seht," fuhr Desgrais fort, „seht, würdige Dame, man wird Euch keineswegs zumuten, noch einmal in jene finstere Gemächer zu treten, die Euch mit Grausen und Abscheu erfüllen. In der Stille der Nacht, ohne alles Aufsehen bringt man Olivier Brußon wie einen freien Menschen zu Euch in Euer Haus. Nicht einmal belauscht, doch wohl bewacht, mag er Euch dann zwanglos alles bekennen. Daß Ihr für Euch selbst nichts von dem Elenden zu fürchten habt, dafür stehe ich Euch mit meinem Leben ein. Er spricht von Euch mit inbrünstiger Verehrung. Er schwört, daß nur das düstre Verhängnis, welches ihm verwehrt habe, Euch früher zu sehen, ihn in den Tod gestürzt. Und dann steht es ja bei Euch, von dem, was Euch Brußon entdeckt, so viel zu sagen, als Euch beliebt. Kann man Euch zu mehrerem zwingen?"

Die Scuderi sah tief sinnend vor sich nieder. Es war ihr, als müsse sie der höheren Macht gehorchen, die den Aufschluß irgend eines entsetzlichen Geheimnisses von ihr verlange, als könne sie sich nicht mehr den wunderbaren Verschlingungen entziehen, in die sie willenlos geraten. Plötzlich entschlossen, sprach sie mit Würde: „Gott wird mir Fassung und Standhaftigkeit geben; führt den Brußon her, ich will ihn sprechen."

So wie damals, als Brußon das Kästchen brachte, wurde um Mitternacht an die Haustüre der Scuderi gepocht. Baptiste, von dem nächtlichen Besuch unterrichtet, öffnete. Eiskalter Schauer überlief die Scuderi, als sie an den leisen Tritten, an dem dumpfen Gemurmel wahrnahm, daß die Wächter, die den Brußon gebracht, sich in den Gängen des Hauses verteilten.

Endlich ging leise die Türe des Gemachs auf. Desgrais trat herein, hinter ihm Olivier Brußon, fesselfrei, in anständigen Kleidern. „Hier ist," sprach Desgrais, sich ehrerbietig verneigend, „hier ist Brußon, mein würdiges Fräulein!" und verließ das Zimmer.

Brußon sank vor der Scuderi nieder auf beide Knie, flehend erhob er die gefalteten Hände, indem häufige Tränen ihm aus den Augen rannen.

Die Scuderi schaute erblaßt, keines Wortes mächtig, auf ihn herab. Selbst bei den entstellten, ja durch Gram, durch grimmen Schmerz verzerrten Zügen strahlte der reine Ausdruck des treusten Gemüts aus dem Jünglingsantlitz. Je länger die Scuderi ihre Augen auf Brußons Gesicht ruhen ließ, desto lebhafter trat die Erinnerung an irgend eine geliebte Person hervor, auf die sie sich nur nicht deutlich zu besinnen vermochte. Alle Schauer wichen von ihr, sie vergaß, daß Cardillacs Mörder vor ihr kniee, sie sprach mit dem anmutigen Tone des ruhigen Wohlwollens, der ihr eigen: „Nun, Brußon, was habt Ihr mir zu sagen?" Dieser, noch immer kniend, seufzte auf vor tiefer, inbrünstiger Wehmut und sprach dann: „O mein würdiges, mein hochverehrtes Fräulein, ist denn jede Spur der Erinnerung an mich verflogen?" Die Scuderi, ihn noch aufmerksamer betrachtend, erwiderte, daß sie allerdings in seinen Zügen die Ähnlichkeit mit einer von ihr geliebten Person gefunden, und daß er nur dieser Ähnlichkeit es verdanke, wenn sie den tiefen Abscheu vor dem Mörder überwinde und ihn ruhig anhöre. Brußon, schwer verletzt durch diese Worte, erhob sich schnell und trat, den finstern Blick zu Boden gesenkt, einen Schritt zurück. Dann sprach er mit dumpfer Stimme: „Habt Ihr denn Anne Guiot ganz vergessen? – ihr Sohn Olivier – der Knabe, den Ihr oft auf Euern Knien schaukeltet, ist es, der vor Euch steht." – „O um aller Heiligen willen!" rief die Scuderi, indem sie, mit beiden Händen das Gesicht bedeckend, in die Polster zurücksank. Das Fräulein hatte wohl Ursache genug, sich auf diese Weise zu entsetzen. Anne Guiot, die Tochter eines verarmten Bürgers, war von klein auf bei der Scuderi, die sie, wie die Mutter das liebe Kind, erzog mit aller Treue und Sorgfalt. Als sie nun herangewachsen, fand sich ein hübscher sittiger Jüngling, Claude Brußon geheißen, ein, der um das Mädchen warb. Da er nun ein grundgeschickter Uhrmacher war, der sein reichliches Brot in Paris finden mußte, Anne ihn auch herzlich liebgewonnen hatte, so trug die Scuderi gar kein Bedenken, in die Heirat ihrer Pflegetochter zu willigen. Die jungen Leute richteten sich ein, lebten in stiller, glücklicher Häuslichkeit, und was den Liebesbund noch fester knüpfte, war die Geburt eines wunderschönen Knaben, der holden Mutter treues Ebenbild.

Einen Abgott machte die Scuderi aus denn kleinen Olivier, den sie stunden-, tagelang der Mutter entriß, um ihn zu liebkosen, zu hätscheln. Daher kam es, daß der Junge sich ganz an sie gewöhnte und ebenso gern bei ihr war als bei der Mutter. Drei Jahre waren vorüber, als der Brotneid der Kunstgenossen Brußons es dahin brachte, daß seine Arbeit mit jedem Tage abnahm, so daß er zuletzt kaum sich kümmerlich ernähren konnte. Dazu kam die Sehnsucht nach seinem schönen heimatlichen Genf, und so geschah es, daß die kleine Familie dorthin zog, des Widerstrebens der Scuderi, die alle nur mögliche Unterstützung versprach, unerachtet. Noch ein paarmal schrieb Anne an ihre Pflegemutter, dann schwieg sie, und diese mußte glauben, daß das glückliche Leben in Brußons Heimat das Andenken an die früher verlebten Tage nicht mehr aufkommen lasse.

Es waren jetzt gerade dreiundzwanzig Jahre her, als Brußon mit seinem Weibe und Kinde Paris verlassen und nach Genf gezogen.

„O entsetzlich," rief die Scuderi, als sie sich einigermaßen wieder erholt hatte, „o entsetzlich! – Olivier bist du? – der Sohn meiner Anne! – Und jetzt!" – „Wohl," versetzte Olivier ruhig und gefaßt, „wohl, mein würdiges Fräulein, hättet Ihr nimmermehr ahnen können, daß der Knabe, den Ihr wie die zärtlichste Mutter hätscheltet, dem Ihr, auf Euerm Schoß ihn schaukelnd, Näscherei auf Näscherei in den Mund stecktet, dem Ihr die süßesten Namen gabt, zum Jünglinge gereift dereinst vor Euch stehen würde, gräßlicher Blutschuld angeklagt! – Ich bin nicht vorwurfsfrei, die Chambre ardente kann mich mit Recht eines Verbrechens zeihen; aber, so wahr ich selig zu sterben hoffe, sei es auch durch des Henkers Hand, rein bin ich von jeder Blutschuld, nicht durch mich, nicht durch mein Verschulden fiel der unglückliche Cardillac!" – Olivier geriet bei diesen Worten in ein Zittern und Schwanken. Stillschweigend wies die Scuderi auf einen kleinen Sessel, der Olivier zur Seite stand. Er ließ sich langsam nieder.

„Ich hatte Zeit genug," fing er an, „mich auf die Unterredung mit Euch, die ich als die letzte Gunst des versöhnten Himmels betrachte, vorzubereiten und so viel Ruhe und Fassung zu gewinnen als nötig, Euch die Geschichte meines entsetzlichen, unerhörten Mißgeschicks zu erzählen. Erzeigt mir die Barmherzigkeit, mich ruhig anzuhören, so sehr Euch auch die Entdekkung eines Geheimnisses, das Ihr gewiß nicht geahnet, überraschen, ja mit Grausen erfüllen mag. – Hätte mein armer Vater Paris doch niemals verlassen! – So weit meine Erinnerung an Genf reicht, finde ich mich wieder, von den trostlosen Eltern mit Tränen benetzt, von ihren Klagen, die ich nicht verstand, selbst zu Tränen gebracht. Später kam mir das deutliche Gefühl, das volle Bewußtsein des drückendsten Mangels, des tiefen Elends, in dem meine Eltern lebten. Mein Vater fand sich in allen seinen Hoffnungen getäuscht. Von tiefem Gram niedergebeugt, erdrückt, starb er in dem Augenblick, als es ihm gelungen war, mich bei einem Goldschmied als Lehrjunge unterzubringen. Meine Mutter sprach viel von Euch, sie wollte Euch alles klagen, aber dann überfiel sie die Mutlosigkeit, welche vom Elend erzeugt wird. Das und auch wohl falsche Scham, die oft an dem todwunden Gemüte nagt, hielt sie von ihrem Entschluß zurück. Wenige Monden nach dem Tode meines Vaters folgte ihm meine Mutter ins Grab." „Arme Anne! arme Anne!" rief die Scuderi, von Schmerz überwältigt. „Dank und Preis der ewigen Macht des Himmels, daß sie hinüber ist und nicht fallen sieht den geliebten Sohn unter der Hand des Henkers, mit Schande gebrandmarkt." So schrie Olivier laut auf, indem er einen wilden entsetzlichen Blick in die Höhe warf. Es wurde draußen unruhig, man ging hin und her. „Ho, ho," sprach Olivier mit einem bittern Lächeln, „Desgrais weckt seine Spießgesellen, als ob ich *hier* entfliehen könnte. – Doch weiter! – Ich wurde von meinem Meister hart gehalten, unerachtet ich bald am besten arbeitete, ja wohl endlich den Meister weit übertraf. Es begab sich, daß einst ein Fremder in unsere Werkstatt kam, um einiges Geschmeide zu kaufen. Als der nun einen schönen Halsschmuck sah, den ich gearbeitet, klopfte er mir mit freundlicher Miene auf die Schultern, indem er, den

Schmuck beäugelnd, sprach: 'Ei, ei! mein junger Freund, das ist ja ganz vortreffliche Arbeit. Ich wüßte in der Tat nicht, wer Euch noch anders übertreffen sollte, als René Cardillac, der freilich der erste Goldschmied ist, den es auf der Welt gibt. Zu dem solltet Ihr hingehen; mit Freuden nimmt er Euch in seine Werkstatt, denn nur *Ihr* könnt ihm beistehen in seiner kunstvollen Arbeit, und nur von ihm allein könnt Ihr dagegen noch lernen.' Die Worte des Fremden waren tief in meine Seele gefallen. Ich hatte keine Ruhe mehr in Genf, mich zog es fort mit Gewalt. Endlich gelang es mir, mich von meinem Meister los zu machen. Ich kam nach Paris. René Cardillac empfing mich kalt und barsch. Ich ließ nicht nach, er mußte mir Arbeit geben, so geringfügig sie auch sein mochte. Ich sollte einen kleinen Ring fertigen. Als ich ihm die Arbeit brachte, sah er mich starr an mit seinen funkelnden Augen, als wollt' er hineinschauen in mein Innerstes. Dann sprach er: 'Du bist ein tüchtiger, wackerer Geselle, du kannst zu mir ziehen und mir helfen in der Werkstatt. Ich zahle dir gut, du wirst mit mir zufrieden sein.' Cardillac hielt Wort. Schon mehrere Wochen war ich bei ihm, ohne Madelon gesehen zu haben, die, irr' ich nicht, auf dem Lande bei irgend einer Muhme Cardillacs damals sich aufhielt. Endlich kam sie. O du ewige Macht des Himmels, wie geschah mir, als ich das Engelsbild sah! – Hat je ein Mensch so geliebt als ich! Und nun! – O Madelon!"

Olivier konnte vor Wehmut nicht weiter sprechen. Er hielt beide Hände vors Gesicht und schluchzte heftig. Endlich mit Gewalt den wilden Schmerz, der ihn erfaßt, niederkämpfend, sprach er weiter:

„Madelon blickte mich an mit freundlichen Augen. Sie kam öfter und öfter in die Werkstatt. Mit Entzücken gewahrte ich ihre Liebe. So streng der Vater uns bewachte, mancher verstohlne Händedruck galt als Zeichen des geschlossenen Bundes, Cardillac schien nichts zu merken. Ich gedachte, hätte ich erst seine Gunst gewonnen, und konnte ich die Meisterschaft erlangen, um Madelon zu werben. Eines Morgens, als ich meine Arbeit beginnen wollte, trat Cardillac vor mich hin, Zorn und Verachtung im finstern Blick. 'Ich bedarf deiner Arbeit nicht mehr,' fing er an, 'fort aus dem Hause noch in dieser Stunde und laß dich nie mehr vor meinen Augen sehen. Warum ich dich hier nicht mehr dulden kann, brauche ich dir nicht zu sagen. Für dich armen Schlucker hängt die süße Frucht zu hoch, nach der du trachtest!' Ich wollte reden, er packte mich aber mit starker Faust und warf mich zur Türe hinaus, daß ich niederstürzte und mich hart verwundete an Kopf und Arm. – Empört, zerrissen vom grimmen Schmerz verließ ich das Haus und fand endlich am äußersten Ende der Vorstadt St. Martin einen gutmütigen Bekannten, der mich aufnahm in seine Bodenkammer. Ich hatte keine Ruhe, keine Rast. Zur Nachtzeit umschlich ich Cardillacs Haus, wähnend, daß Madelon meine Seufzer, meine Klage vernehmen, daß es ihr vielleicht gelingen werde, mich vom Fenster herab unbelauscht zu sprechen. Allerlei verwogene Pläne kreuzten in meinem Gehirn, zu deren Ausführung ich sie zu bereden hoffte. An Cardillacs Haus in der Straße Nicaise schließt sich eine hohe Mauer mit Blenden und alten, halb zerstückelten Steinbildern darin. Dicht bei einem solchen Steinbilde stehe ich in einer Nacht und sehe hinauf nach den Fenstern des Hauses, die in den Hof gehen, den die Mauer einschließt. Da gewahre ich plötzlich Licht in Cardillacs Werkstatt. Es ist Mitternacht, nie war sonst Cardillac zu dieser Stunde wach, er pflegte sich auf den Schlag neun Uhr zur Ruhe zu begeben. Mir pocht das Herz vor banger Ahnung, ich denke an irgendein Ereignis, das mir vielleicht den Eingang bahnt. Doch gleich verschwindet das Licht wieder. Ich drücke mich an das Steinbild, in die Blende hinein, doch entsetzt pralle ich zurück, als ich einen Gegendruck fühle, als sei das Bild lebendig worden. In dem dämmernden Schimmer der Nacht gewahre ich nun, daß der Stein sich langsam dreht und hinter demselben eine finstere Gestalt hervorschlüpft, die leisen Trittes die Straße hinabgeht. Ich springe an das Steinbild hinan, es steht wie zuvor dicht an der Mauer. Unwillkürlich, wie von einer innern Macht getrieben, schleiche ich hinter der Gestalt her. Gerade bei einem Marienbilde schaut die Gestalt sich um, der volle Schein der hellen Lampe, die vor dem Bilde brennt, fällt ihr ins Antlitz. Es ist Cardillac! Eine unbegreifliche Angst, ein unheimliches Grauen überfällt mich. Wie durch Zauber fest gebannt muß ich fort – nach – dem gespenstischen Nachtwanderer. Dafür halte ich den Meister, unerachtet nicht die Zeit des Vollmonds ist, in der solcher Spuk die Schlafenden betört. Endlich verschwindet Cardillac seitwärts in den tiefen Schatten. An einem kleinen mir wohlbekannten Räuspern gewahre ich indessen, daß er in die Einfahrt eines Hauses getreten ist. Was bedeutet das, was wird er beginnen? – So frage ich mich selbst voll Erstaunen und drücke mich dicht an die Häuser. Nicht lange dauert's, so kommt singend und trillerierend ein Mann daher mit leuchtendem Federbusch und klirrenden Sporen. Wie ein Tiger auf seinen Raub, stürzt sich Cardillac aus seinem Schlupfwinkel auf den Mann, der in demselben Augenblick röchelnd zu Boden sinkt. Mit einem Schrei des Entsetzens springe ich heran, Cardillac ist über den Mann, der zu Boden liegt, her. 'Meister Cardillac, was tut Ihr,' rufe ich laut. 'Vermaledeiter!' brüllt Cardillac, rennt mit Blitzesschnelle bei mir vorbei und verschwindet. Ganz außer mir, kaum der Schritte mächtig, nähere ich mich denn Niedergeworfenen. Ich knie bei ihm nieder, vielleicht, denk' ich, ist er noch zu retten, aber keine Spur des Lebens ist mehr in ihm. In meiner Todesangst gewahre ich kaum, daß mich die Marechaussee umringt hat. 'Schon wieder einer von den Teufeln niedergestreckt – he he - junger Mensch, was machst du da – bist einer von der Bande? – fort mit dir!' So schrien sie durcheinander und packen mich an. Kaum vermag ich zu stammeln, daß ich solche gräßliche Untat ja gar nicht hätte begehen können, und daß sie mich im Frieden ziehen lassen möchten. Da leuchtet mir einer ins Gesicht und ruft lachend: 'Das ist Olivier Brußon, der Goldschmiedsgeselle, der bei unserm ehrlichen, braven Meister René Cardillac arbeitet! – ja – *der* wird die Leute auf der Straße morden! – sieht mir recht darnach aus – ist recht nach der Art der Mordbuben, daß sie beim Leichnam lamentieren und sich fangen lassen werden. – Wie war's Junge? – erzähle dreist.' – 'Dicht vor mir,' sprach ich, 'sprang ein Mensch auf den dort los, stieß ihn nieder und rannte blitzschnell davon, als ich laut aufschrie. Ich wollt' doch sehen, ob der Niedergeworfene noch zu retten wäre.' – 'Nein, mein Sohn,' ruft einer von denen, die den Leichnam aufgehoben, 'der ist hin, durchs Herz, wie gewöhnlich, geht der Dolchstich.' 'Teufel,' spricht ein anderer, 'kamen wir doch wieder zu spät wie vorgestern'; damit entfernen sie sich mit dem Leichnam.

Wie mir zumute war, kann ich gar nicht sagen; ich fühlte mich an, ob nicht ein böser Traum mich necke, es war mir, als müßt' ich nun gleich erwachen und mich wundern über das tolle Trugbild. – Cardillac – der Vater meiner Madelon, ein verruchter Mörder! Ich war kraftlos auf die steinernen Stufen eines Hauses gesunken. Immer mehr und mehr dämmerte der Morgen herauf, ein Offizierhut, reich mit Federn geschmückt, lag vor mir auf dem Pflaster. Cardillacs blutige Tat, auf der Stelle begangen, wo ich saß, ging vor mir hell auf. Entsetzt rannte ich von dannen.

Ganz verwirrt, beinahe besinnungslos sitze ich in meiner Dachkammer, da geht die Tür auf, und René Cardillac tritt herein. ‘Um Christus willen! was wollt Ihr?’ schrie ich ihm entgegen. Er, das gar nicht achtend, kommt auf mich zu und lächelt mich an mit einer Ruhe und Leutseligkeit, die meinen innern Abscheu vermehrt. Er rückt einen alten gebrechlichen Schemel heran und setzt sich zu mir, der ich nicht vermag, mich von dem Strohlager zu erheben, auf das ich mich geworfen. ‘Nun, Olivier,’ fängt er an, ‘wie geht es dir, armer Junge? Ich habe mich in der Tat garstig übereilt, als ich dich aus dem Hause stieß, du fehlst mir an allen Ecken und Enden. Eben jetzt habe ich ein Werk vor, das ich ohne deine Hülfe gar nicht vollenden kann. Wie wär’s, wenn du wieder in meiner Werkstatt arbeitetest? – Du schweigst? – Ja, ich weiß, ich habe dich beleidigt. Nicht verhehlen wollt’ ich’s dir, daß ich auf dich zornig war wegen der Liebelei mit meiner Madelon. Doch recht überlegt habe ich mir das Ding nachher und gefunden, daß bei deiner Geschicklichkeit, deinem Fleiß, deiner Treue ich mir keinen bessern Eidam wünschen kann als eben dich. Komm also mit mir und siehe zu, wie du Madelon zur Frau gewinnen magst.’

Cardillacs Worte durchschnitten mir das Herz, ich erbebte vor seiner Bosheit, ich konnte kein Wort hervorbringen. ‘Du zauderst,’ fuhr er nun fort mit scharfem Ton, indem seine funkelnden Augen mich durchbohrten, ‘du zauderst? – du kannst vielleicht heute noch nicht mit mir kommen, du hast andere Dinge vor! – du willst vielleicht Desgrais besuchen oder dich gar einführen lassen bei d’Argenson oder la Regnie. Nimm dich in acht, Bursche, daß die Krallen, die du hervorlocken willst zu anderer Leute Verderben, dich nicht selbst fassen und zerreißen.’ Da macht sich mein tief empörtes Gemüt plötzlich Luft. ‘Mögen die,’ rufe ich, ‘mögen die, die sich gräßlicher Untat bewußt sind, jene Namen fühlen, die Ihr eben nanntet, ich darf das nicht – ich habe nichts mit ihnen zu schaffen.’ – ‘Eigentlich,’ spricht Cardillac weiter, ‘eigentlich, Olivier, macht es dir Ehre, wenn du bei mir arbeitest, bei mir, dem berühmten Meister seiner Zeit, überall hochgeachtet wegen seiner Treue und Rechtschaffenheit, so daß jede böse Verleumdung schwer zurückfallen würde auf das Haupt des Verleumders.

– Was nun Madelon betrifft, so muß ich dir nur gestehen, daß du meine Nachgiebigkeit ihr allein verdankest. Sie liebt dich mit einer Heftigkeit, die ich dem zarten Kinde gar nicht zutrauen konnte. Gleich, als du fort warst, fiel sie mir zu Füßen, umschlang meine Knie und gestand unter tausend Tränen, daß sie ohne dich nicht leben könne. Ich dachte, sie bilde sich das nur ein, wie es denn bei jungen verliebten Dingern zu geschehen pflegt, daß sie gleich sterben wollen, wenn das erste Milchgesicht sie freundlich angeblickt. Aber in der Tat, meine Madelon wurde siech und krank, und wie ich ihr denn das tolle Zeug ausreden wollte, rief sie hundertmal deinen Namen. Was konnt' ich endlich tun, wollt' ich sie nicht verzweifeln lassen. Gestern Abend sagt' ich ihr, ich willige in alles und werde dich heute holen. Da ist sie über Nacht aufgeblüht wie eine Rose und harrt nun auf dich ganz außer sich vor Liebessehnsucht.' – Mag es mir die ewige Macht des Himmels verzeihen, aber selbst weiß ich nicht, wie es geschah, daß ich plötzlich in Cardillacs Hause stand, daß Madelon laut aufjauchzend: 'Olivier – mein Olivier – mein Geliebter – mein Gatte!' auf mich gestürzt, mich mit beiden Armen umschlang, mich fest an ihre Brust drückte, daß ich im Übermaß des höchsten Entzückens bei der Jungfrau und allen Heiligen schwor, sie nimmer, nimmer zu verlassen!"

Erschüttert von dem Andenken an diesen entscheidenden Augenblick mußte Olivier inne halten. Die Scuderi, von Grausen erfüllt über die Untat eines Mannes, den sie für die Tugend, die Rechtschaffenheit selbst gehalten, rief: „Entsetzlich! – René Cardillac gehört zu der Mordbande, die unsere gute Stadt so lange zur Räuberhöhle machte?" – „Was sagt Ihr, mein Fräulein," sprach Olivier, „zur *Bande*? Nie hat es eine solche Bande gegeben. Cardillac *allein* war es, der mit verruchter Tätigkeit in der ganzen Stadt seine Schlachtopfer suchte und fand. Daß er es *allein* war, darin liegt die Sicherheit, womit er seine Streiche führte, die unüberwundene Schwierigkeit, dem Mörder auf die Spur zu kommen. – Doch laßt mich fortfahren, der Verfolg wird Euch die Geheimnisse des verruchtesten und zugleich unglücklichsten aller Menschen aufklären. – Die Lage, in der ich mich nun bei dem Meister befand, jeder mag *die* sich leicht denken. Der Schritt war geschehen, ich konnte nicht mehr zurück. Zuweilen war es mir, als sei ich selbst Cardillacs Mordgehülfe geworden, nur in Madelons Liebe vergaß ich die innere Pein, die mich quälte, nur bei ihr konnt' es mir gelingen, jede äußere Spur namenlosen Grams wegzutilgen. Arbeitete ich mit dem Alten in der Werkstatt, nicht ins Antlitz vermochte ich ihm zu schauen, kaum ein Wort zu reden vor dem Grausen, das mich durchbebte in der Nähe des entsetzlichen Menschen, der alle Tugenden des treuen, zärtlichen Vaters, des guten Bürgers erfüllte, während die Nacht seine Untaten verschleierte. Madelon, das fromme, engelsreine Kind, hing an ihm mit abgöttischer Liebe. Das Herz durchbohrt' es mir, wenn ich daran dachte, daß, träfe einmal die Rache den entlarvten Bösewicht, sie ja, mit aller höllischen List des Satans getäuscht, der gräßlichsten Verzweiflung unterliegen müsse. Schon das verschloß mir den Mund, und hätt' ich den Tod des Verbrechers darum dulden müssen. Unerachtet ich aus den Reden Marechaussee genug entnehmen konnte, waren mir Cardillacs Untaten, ihr Motiv, die Art, sie auszuführen, ein Rätsel: die Aufklärung blieb nicht lange aus. Eines Tages war Cardillac, der sonst, meinen Abscheu erregend, bei der Arbeit in der heitersten Laune, scherzte und lachte, sehr ernst und in sich gekehrt. Plötzlich warf er das Geschmeide, woran er eben arbeitete, beiseite, daß Stein und Perlen auseinander rollten, stand heftig auf und sprach: 'Olivier! – es kann zwischen uns beiden nicht so bleiben, dies Verhältnis ist mir unerträglich. – Was der feinsten Schlauheit Desgrais' und seiner Spießgesellen nicht gelang zu entdecken, das spielte dir der Zufall in die Hände. Du hast mich geschaut in der nächtlichen Arbeit, zu der mich mein böser Stern treibt, kein Widerstand ist möglich. – Auch dein böser Stern war es, der dich mir folgen ließ, der dich in undurchdringliche Schleier hüllte, der deinem Fußtritt die Leichtigkeit gab, daß du unhörbar wandeltest wie das kleinste Tier, so daß ich, der ich in der tiefsten Nacht klar schaue wie der Tiger, der ich Straßen weit das kleinste Geräusch, das Sumsen der Mücke vernehme, dich nicht bemerkte. Dein böser Stern hat dich, meinen Gefährten, mir zugeführt. An Verrat ist, so wie du jetzt stehst, nicht mehr zu denken. Darum magst du alles wissen.' Nimmermehr werd' ich dein Gefährte sein, heuchlerischer Bösewicht.' So wollt' ich aufschreien, aber das innere Entsetzen, das mich bei Cardillacs Worten erfaßt, schnürte mir die Kehle zu. Statt der Worte vermochte ich nur einen unverständlichen Laut auszustoßen. Cardillac setzte sich wieder in seinen Arbeitsstuhl. Er trocknete sich den Schweiß von der Stirne. Er schien, von der Erinnerung des Vergangenen hart berührt, sich mühsam zu fassen. Endlich fing er an: 'Weise Männer sprechen viel von den seltsamen Eindrücken, deren Frauen in guter Hoffnung fähig sind, von dem wunderbaren Einfluß solch lebhaften, willenlosen Eindrucks von außen her auf das Kind. Von meiner Mutter erzählte man mir eine wunderliche Geschichte. Als *die* mit mir im ersten Monat schwanger ging, schaute sie mit andern Weibern einem glänzenden Hoffest zu, das in Trianon gegeben wurde. Da fiel ihr Blick auf einen Kavalier in spanischer Kleidung mit einer blitzenden Juwelenkette um den Hals, von der sie die Augen gar nicht mehr abwenden konnte. Ihr ganzes Wesen war Begierde nach den funkelnden Steinen, die ihr ein überirdisches Gut dünkten. Derselbe Kavalier hatte vor mehreren Jahren, als meine Mutter noch nicht verheiratet, ihrer Tugend nachgestellt, war aber mit Abscheu zurückgewiesen worden. Meine Mutter erkannte ihn wieder, aber jetzt war es ihr, als sei er im Glanz der strahlenden Diamanten ein Wesen höherer Art, der Inbegriff aller Schönheit. Der Kavalier bemerkte die sehnsuchtsvollen, feurigen Blicke meiner Mutter. Er glaubte jetzt glücklicher zu sein als vormals. Er wußte sich ihr zu nähern, noch mehr, sie von ihren Bekannten fort an einen einsamen Ort zu locken. Dort schloß er sie brünstig in seine Arme, meine Mutter faßte nach der schönen Kette, aber in demselben Augenblick sank er nieder und riß meine Mutter mit sich zu Boden. Sei es, daß ihn der Schlag plötzlich getroffen, oder aus einer andern Ursache; genug, er war tot. Vergebens war das Mühen meiner Mutter, sich den im Todeskrampf erstarrten Armen des Leichnams zu entwinden. Die hohlen Augen, deren Sehkraft erloschen, auf sie gerichtet, wälzte der Tote sich mit ihr auf dem Boden. Ihr gellendes Hülfsgeschrei drang endlich bis zu in der Ferne Vorübergehenden, die herbeieilten und sie retteten aus den Armen des grausigen Liebhabers. Das Entsetzen warf meine Mutter auf ein schweres Krankenlager. Man gab sie, mich verloren, doch sie gesundete, und die Entbindung war glücklicher, als man je hatte hoffen können. Aber die Schrecken jenes fürchterlichen Augenblicks hatten mich getroffen. Mein böser Stern war aufgegangen und hatte den Funken hinabgeschossen, der in mir eine der seltsamsten und verderblichsten Leidenschaften entzündet. Schon in der frühesten Kindheit gingen mir glänzende Diamanten, goldenes Geschmeide über alles. Man hielt das für gewöhnliche kindische Neigung. Aber es zeigte sich anders, denn als Knabe stahl ich Gold und Juwelen, wo ich sie habhaft werden konnte. Wie der geübteste Kenner unterschied ich aus Instinkt unechtes Geschmeide von echtem. Nur dieses lockte mich, unechtes sowie geprägtes Gold ließ ich unbeachtet liegen. Den grausamsten Züchtigungen des Vaters mußte die angeborne Begierde weichen. Um nur mit Gold und edlen Steinen hantieren zu können, wandte ich mich zur Goldschmieds-Profession. Ich arbeitete mit Leidenschaft und wurde bald der erste Meister dieser Art. Nun begann eine Periode, in der der angeborne Trieb, so lange niedergedrückt, mit Gewalt empordrang und mit Macht wuchs, alles um sich her wegzehrend. Sowie ich ein Geschmeide gefertigt und abgeliefert, fiel ich in eine Unruhe, in eine Trostlosigkeit, die mir Schlaf, Gesundheit – Lebensmut raubte. – Wie ein Gespenst stand Tag und Nacht die Person, für die ich gearbeitet, mir vor Augen, geschmückt mit meinem Geschmeide, und eine Stimme raunte mir in die Ohren: Es ist ja dein – es ist ja dein – nimm es doch – was sollen die Diamanten dem Toten! – Da legt' ich mich endlich auf Diebeskünste. Ich hatte Zutritt in den Häusern der Großen, ich nützte schnell jede Gelegenheit, kein Schloß widerstand meinem Geschick, und bald war der Schmuck, den ich gearbeitet, wieder in meinen Händen. – Aber nun vertrieb selbst das nicht meine Unruhe. Jene unheimliche Stimme ließ sich dennoch vernehmen und höhnte mich und rief: Ho ho, dein Geschmeide trägt ein Toter! - Selbst wußte ich nicht, wie es kam, daß ich einen unaussprechlichen Haß auf die warf, denen ich Schmuck gefertigt. Ja! im tiefsten Innern regte sich eine Mordlust gegen sie, vor der ich selbst erbebte. – In dieser Zeit kaufte ich dieses Haus. Ich war mit dem Besitzer handelseinig geworden, hier in diesem Gemach saßen wir erfreut über das geschlossene Geschäft beisammen und tranken eine Flasche Wein. Es war Nacht geworden, ich wollte aufbrechen, da sprach mein Verkäufer: Hört, Meister René, ehe Ihr fortgeht, muß ich Euch mit einem Geheimnis dieses Hauses bekanntmachen. Darauf schloß er jenen in die Mauer eingeführten Schrank auf, schob die Hinterwand fort, trat in ein kleines Gemach, bückte sich nieder, hob eine Falltür auf. Eine steile, schmale Treppe stiegen wir hinab, kamen an ein schmales Pförtchen, das er aufschloß, traten hinaus in den freien Hof. Nun schritt der alte Herr, mein Verkäufer, hinan an die Mauer, schob an einem nur wenig hervorragenden Eisen, und alsbald drehte sich ein Stück Mauer los, so daß ein Mensch bequem durch die Öffnung schlüpfen und auf die Straße gelangen konnte. Du magst einmal das

Kunststück sehen, Olivier, das wahrscheinlich schlaue Mönche des Klosters, welches ehemals hier lag, fertigen ließen, um heimlich aus- und einschlüpfen zu können. Es ist ein Stück Holz, nur von außen gemörtelt und getüncht, in das von außenher eine Bildsäule, auch nur von Holz, doch ganz wie Stein, eingefügt ist, welches sich mitsamt der Bildsäule auf verborgenen Angeln dreht. – Dunkle Gedanken stiegen in mir auf, als ich diese Einrichtung sah, es war mir, als sei vorgearbeitet solchen Taten, die mir selbst noch Geheimnis blieben. Eben hatt' ich einem Herrn vom Hofe einen reichen Schmuck abgeliefert, der, ich weiß es, einer Operntänzerin bestimmt war. Die Todesfolter blieb nicht aus – das Gespenst hing sich an meine Schritte – der lispelnde Satan an mein Ohr! – Ich zog ein in das Haus. In blutigem Angstschweiß gebadet, wälzte ich mich schlaflos auf dem Lager! Ich seh' im Geiste den Menschen zu der Tänzerin schleichen mit meinem Schmuck. Voller Wut springe ich auf – werfe den Mantel um – steige herab die geheime Treppe – fort durch die Mauer nach der Straße Nicaise. – Er kommt, ich falle über ihn her, er schreit auf, doch von hinten festgepackt stoße ich ihm den Dolch ins Herz – der Schmuck ist mein! – Dies getan, fühlte ich eine Ruhe, eine Zufriedenheit in meiner Seele wie sonst niemals. Das Gespenst war verschwunden, die Stimme des Satans schwieg. Nun wußte ich, was mein böser Stern wollte, ich mußt' ihm nachgeben oder untergehen! – Du begreifst jetzt mein ganzes Tun und Treiben, Olivier! – Glaube nicht, daß ich darum, weil ich tun muß, was ich nicht lassen kann, jenem Gefühl des Mitleids, des Erbarmens, was in der Natur des Menschen bedingt sein soll, rein entsagt habe. Du weißt, wie schwer es mir wird, einen Schmuck abzuliefern; wie ich für manche, deren Tod ich nicht will, gar nicht arbeite, ja, wie ich sogar, weiß ich, daß am morgenden Tage Blut mein Gespenst verbannen wird, heute es bei einem tüchtigen Faustschlage bewenden lasse, der den Besitzer meines Kleinods zu Boden streckt und mir dieses in die Hand liefert.' – Dies alles gesprochen, führte mich Cardillac in das geheime Gewölbe und gönnte mir den Anblick seines Juwelenkabinetts. Der König besitzt es nicht reicher. Bei jedem Schmuck[stück] war auf einem kleinen daran gehängten Zettel genau bemerkt, für wen es gearbeitet, wann es durch Diebstahl, Raub oder Mord genommen worden. 'An deinem Hochzeitstage,' sprach Cardillac dumpf und feierlich, 'an deinem Hochzeitstage, Olivier, wirst du mir, die

Hand gelegt auf des gekreuzigten Christus Bild, einen heiligen Eid schwören, sowie ich gestorben, alle diese Reichtümer in Staub zu vernichten durch Mittel, die ich dir dann bekanntmachen werde. Ich will nicht, daß irgend ein menschliches Wesen, und am wenigsten Madelon und du, in den Besitz des mit Blut erkauften Horts komme.' Gefangen in diesem Labyrinth des Verbrechens, zerrissen von Liebe und Abscheu, von Wonne und Entsetzen, war ich dem Verdammten zu vergleichen, dem ein holder Engel mild lächelnd hinaufwinkt, aber mit glühenden Krallen festgepackt hält ihn der Satan, und des frommen Engels Liebeslächeln, in dem sich alle Seligkeit des hohen Himmels abspiegelt, wird ihm zur grimmigsten seiner Qualen. – Ich dachte an Flucht – ja an Selbstmord – aber Madelon! – Tadelt mich, tadelt mich, mein würdiges Fräulein, daß ich zu schwach war, mit Gewalt eine Leidenschaft niederzukämpfen, die mich an das Verbrechen fesselte; aber büße ich nicht dafür mit schmachvollem Tode? – Eines Tages kam Cardillac nach Hause ungewöhnlich heiter. Er liebkoste Madelon, warf mir die freundlichsten Blicke zu, trank bei Tische eine Flasche edlen Weins, wie er es nur an hohen Fest- und Feiertagen zu tun pflegte, sang und jubilierte. Madelon hatte uns verlassen, ich wollte in die Werkstatt: 'Bleib sitzen, Junge,' rief Cardillac, 'heut' keine Arbeit mehr, laß uns noch eins trinken auf das Wohl der allerwürdigsten, vortrefflichsten Dame in Paris.' Nachdem ich mit ihm angestoßen und er ein volles Glas geleert hatte, sprach er: 'Sag' an, Olivier! wie gefallen dir die Verse:

Un amant qui craint les voleurs
n'est point digne d'amour.'

Er erzählte nun, was sich in den Gemächern der Maintenon mit Euch und dem Könige begeben, und fügte hinzu, daß er Euch von jeher verehrt habe wie sonst kein menschliches Wesen, und daß Ihr, mit solch hoher Tugend begabt, vor der der böse Stern kraftlos erbleiche, selbst den schönsten von ihm gefertigten Schmuck tragend, niemals ein böses Gespenst, Mordgedanken in ihm erregen würdet. 'Höre, Olivier,' sprach er, 'wozu ich entschlossen. Vor langer Zeit sollt' ich Halsschmuck und Armbänder fertigen für Henriette von England und selbst die Steine dazu liefern. Die Arbeit gelang mir wie keine andere, aber es zerriß mir die Brust, wenn ich daran dachte, mich von dem Schmuck, der mein Herzenskleinod geworden, trennen zu müssen. Du weißt der Prinzessin unglücklichen Tod durch Meuchelmord. Ich behielt den Schmuck und will ihn nun als ein Zeichen meiner Ehrfurcht, meiner Dankbarkeit dem Fräulein von Scuderi senden im Namen der verfolgten Bande. – Außerdem, daß die Scuderi das sprechende Zeichen ihres Triumphs erhält, verhöhne ich auch Desgrais und seine Gesellen, wie sie es verdienen. – Du sollst ihr den Schmuck hintragen.' Sowie Cardillac Euren Namen nannte, Fräulein, war es, als würden schwarze Schleier weggezogen und das schöne lichte Bild meiner glücklichen Kinderzeit ginge wieder auf in bunten, glänzenden Farben. Es kam ein wunderbarer Trost in meine Seele, ein Hoffnungsstrahl, vor dem die finstern Geister schwanden. Cardillac mochte den Eindruck, den seine Worte auf mich gemacht, wahrnehmen und nach seiner Art deuten. 'Dir scheint', sprach er, 'mein Vorhaben zu behagen. Gestehen kann ich wohl, daß eine tief' innere Stimme, sehr verschieden von der, welche Blutopfer verlangt wie ein gefräßiges Raubtier, mir befohlen hat, daß ich solches tue. – Manchmal wird mir wunderlich im Gemüte – eine innere Angst, die Furcht vor irgend etwas Entsetzlichem, dessen Schauer aus einem fernen Jenseits herüber wehen in die Zeit, ergreift mich gewaltsam. Es ist mir dann sogar, als ob das, was der böse Stern begonnen durch mich, meiner unsterblichen Seele, die daran keinen Teil hat, zugerechnet werden könne. In solcher Stimmung beschloß ich, für die heilige Jungfrau in der Kirche St. Eustache eine schöne Diamantenkrone zu fertigen. Aber jene unbegreifliche Angst überfiel mich stärker, so oft ich die Arbeit beginnen wollte, da unterließ ich's ganz. Jetzt ist es mir, als wenn ich der Tugend und Frömmigkeit selbst demutsvoll ein Opfer bringe und wirksame Fürsprache erflehe, indem ich der Scuderi den schönsten Schmuck sende, den ich jemals gearbeitet.' – Cardillac, mit Eurer ganzen Lebensweise, mein Fräulein, auf das genaueste bekannt, gab mir nun Art und Weise sowie die Stunde an, wie und wann ich den Schmuck, den er in ein sauberes Kästchen schloß, abliefern solle. Mein ganzes Wesen war Entzücken, denn der Himmel selbst zeigte mir durch den frevelichen Cardillac den Weg, mich zu retten aus der Hölle, in der ich, ein verstoßener Sünder, schmachte. So dacht' ich. Ganz gegen Cardillacs Willen wollt' ich bis zu Euch dringen. Als Anne Brußons Sohn, als Euer Pflegling gedacht' ich, mich Euch zu Füßen zu werfen und Euch alles – alles zu entdecken. Ihr hättet, gerührt von dem namenlosen Elend, das der armen, unschuldigen Madelon drohte bei der Entdeckung, das Geheimnis geachtet, aber Euer hoher, scharfsinniger Geist fand gewiß sichre Mittel, ohne jene Entdeckung der verruchten Bosheit Cardillacs zu steuern. Fragt mich nicht, worin diese Mittel hätten bestehen sollen, ich weiß es nicht – aber daß Ihr Madelon und mich retten würdet, davon lag die Überzeugung fest in meiner Seele wie der Glaube an die trostreiche Hülfe der heiligen Jungfrau. – Ihr wißt, Fräulein, daß meine Absicht in jener Nacht fehlschlug. Ich verlor nicht die Hoffnung, ein andermal glücklicher zu sein. Da geschah es, daß Cardillac plötzlich alle Munterkeit verlor. Er schlich trübe umher, starrte vor sich hin, murmelte unverständliche Worte, focht mit den Händen, Feindliches von sich abwehrend, sein Geist schien gequält von bösen Gedanken. So hatte er es einen ganzen Morgen getrieben. Endlich setzte er sich an den Werktisch, sprang unmutig wieder auf, schaute durchs Fenster, sprach ernst und düster: ‘Ich wollte doch, Henriette von England hätte meinen Schmuck getragen!’ – Die Worte erfüllten mich mit Entsetzen. Nun wußt’ ich, daß sein irrer Geist wieder erfaßt war von dem abscheulichen Mordgespenst, daß des Satans Stimme wieder laut worden vor seinen Ohren. Ich sah Euer Leben bedroht von dem verruchten Mordteufel. Hatte Cardillac nur seinen Schmuck wieder in Händen, so wart Ihr gerettet. Mit jedem Augenblick wuchs die Gefahr. Da begegnete ich Euch auf dem Pontneuf, drängte mich an Eure Kutsche, warf Euch jenen Zettel zu, der Euch beschwor, doch nur gleich den erhaltenen Schmuck in Cardillacs Hände zu bringen. Ihr kamt nicht. Meine Angst stieg bis zur Verzweiflung, als andern Tages Cardillac von nichts anderm sprach als von dem köstlichen Schmuck, der ihm in der Nacht vor Augen gekommen. Ich konnte das nur auf Euern Schmuck deuten, und es wurde mir gewiß, daß er über irgend einem Mordanschlag brüte, den er gewiß schon in der Nacht auszuführen sich vorgenommen. Euch retten mußt’ ich, und sollt’ es Cardillacs Leben kosten. Sowie Cardillac nach dem Abendgebet sich wie gewöhnlich eingeschlossen, stieg ich durch ein Fenster in den Hof, schlüpfte durch die Öffnung in der Mauer und stellte mich unfern in den tiefen Schatten. Nicht lange dauerte es, so kam Cardillac heraus und schlich leise durch die Straße fort. Ich hinter ihm her. Er ging nach der Straße St. Honoré, mir bebte das Herz. Cardillac war mit einemmal mir entschwunden. Ich beschloß, mich an Eure Haustüre zu stellen. Da kommt singend und trillernd, wie damals, als der Zufall mich zum Zuschauer von

Cardillacs Mordtat machte, ein Offizier bei mir vorüber, ohne mich zu gewahren. Aber in demselben Augenblick springt eine schwarze Gestalt hervor und fällt über ihn her. Es ist Cardillac. Diesen Mord will ich hindern, mit einem lauten Schrei bin ich in zwei – drei Sätzen zur Stelle. – Nicht der Offizier – Cardillac sinkt zum Tode getroffen röchelnd zu Boden. Der Offizier läßt den Dolch fallen, reißt den Degen aus der Scheide, stellt sich, wähnend, ich sei des Mörders Geselle, kampffertig mir entgegen, eilt aber schnell davon, als er gewahrt, daß ich, ohne mich um ihn zu kümmern, nur den Leichnam untersuche. Cardillac lebte noch. Ich lud ihn, nachdem ich den Dolch, den der Offizier hatte fallen lassen, zu mir gesteckt, auf die Schultern und schleppte ihn mühsam fort nach Hause und durch den geheimen Gang hinauf in die Werkstatt. – Das übrige ist Euch bekannt. Ihr seht, mein würdiges Fräulein, daß mein einziges Verbrechen nur darin besteht, daß ich Madelons Vater nicht den Gerichten verriet und so seinen Untaten ein Ende machte. Rein bin ich von jeder Blutschuld. – Keine Marter wird mir das Geheimnis von Cardillacs Untaten abzwingen. Ich will nicht, daß der ewigen Macht, die der tugendhaften Tochter des Vaters gräßliche Blutschuld verschleierte, zum Trotz das ganze Elend der Vergangenheit, ihres ganzen Seins noch jetzt tötend auf sie einbreche, daß noch jetzt die weltliche Rache den Leichnam aufwühle aus der Erde, die ihn deckt, daß noch jetzt der Henker die vermoderten Gebeine mit Schande brandmarke. – Nein! – mich wird die Geliebte meiner Seele beweinen als den unschuldig Gefallenen, die Zeit wird ihren Schmerz lindern, aber unüberwindlich würde der Jammer sein über des geliebten Vaters entsetzliche Taten der Hölle!" –

Olivier schwieg, aber nun stürzte plötzlich ein Tränenstrom aus seinen Augen, er warf sich der Scuderi zu Füßen und flehte: „Ihr seid von meiner Unschuld überzeugt – gewiß Ihr seid es! – Habt Erbarmen mit mir, sagt, wie steht es um Madelon? – Die Scuderi rief der Martiniere, und nach wenigen Augenblicken flog Madelon an Oliviers Hals. „Nun ist alles gut, da du hier bist – ich wußt' es ja, daß die edelmütigste Dame dich retten würde!" So rief Madelon einmal über das andere, und Olivier vergaß sein Schicksal, alles was ihm drohte, er war frei und selig. Auf das rührendste klagten beide sich, was sie umeinander gelitten, und umarmten sich dann aufs neue und meinten vor Entzücken, daß sie sich wiedergefunden.

Wäre die Scuderi nicht von Oliviers Unschuld schon überzeugt gewesen, der Glaube daran müßte ihr jetzt gekommen sein, da sie die beiden betrachtete, die in der Seligkeit des innigsten Liebesbündnisses die Welt vergaßen und ihr Elend und ihr namenloses Leiden. „Nein,“ rief sie, „solch seliger Vergessenheit ist nur ein reines Herz fähig.”

Die hellen Strahlen des Morgens brachen durch die Fenster. Desgrais klopfte leise an die Türe des Gemachs und erinnerte, daß es Zeit sei, Olivier Brußon fortzuschaffen, da ohne Aufsehen zu erregen das später nicht geschehen könne. Die Liebenden mußten sich trennen. –

Die dunklen Ahnungen, von denen der Scuderi Gemüt befangen seit Brußons erstem Eintritt in ihr Haus, hatten sich nun zum Leben gestaltet auf furchtbare Weise. Den Sohn ihrer geliebten Anne sah sie schuldlos verstrickt auf eine Art, daß ihn vom schmachvollen Tod zu retten kaum denkbar schien. Sie ehrte des Jünglings Heldensinn, der lieber schuldbeladen sterben, als ein Geheimnis verraten wollte, das seiner Madelon den Tod bringen mußte. Im ganzen Reiche der Möglichkeit fand sie kein Mittel, den Ärmsten dem grausamen Gerichtshofe zu entreißen. Und doch stand es fest in ihrer Seele, daß sie kein Opfer scheuen müsse, das himmelschreiende Unrecht abzuwenden, das man zu begehen im Begriffe war. – Sie quälte sich ab mit allerlei Entwürfen und Plänen, die bis an das Abenteuerliche streiften, und die sie ebenso schnell verwarf als auffaßte. Immer mehr verschwand jeder Hoffnungsschimmer, so daß sie verzweifeln wollte. Aber Madelons unbedingtes frommes, kindliches Vertrauen, die Verklärung, mit der sie von dem Geliebten sprach, der nun bald, freigesprochen von jeder Schuld, sie als Gattin umarmen werde, richtete die Scuderi in eben dem Grad wieder auf, als sie davon bis tief ins Herz gerührt wurde.

Um nun endlich etwas zu tun, schrieb die Scuderi an la Regnie einen langen Brief, worin sie ihm sagte, daß Olivier Brußon ihr auf die glaubwürdigste Weise seine völlige Unschuld an Cardillacs Tode dargetan habe, und daß nur der heldenmütige Entschluß, ein Geheimnis in das Grab zu nehmen, dessen Enthüllung die Unschuld und Tugend selbst verderben würde, ihn zurückhalte, dem Gericht ein Geständnis abzulegen, das ihn von dem entsetzlichen Verdacht nicht allein, daß er Cardillac ermordet, sondern, daß er auch zur Bande verruchter Mörder gehöre, befreien müsse.

Alles was glühender Eifer, was geistvolle Beredsamkeit vermag, hatte die Scuderi aufgeboten, la Regnies hartes Herz zu erweichen. Nach wenigen Stunden antwortete la Regnie, wie es ihn herzlich freue, wenn Olivier Brußon sich bei seiner hohen, würdigen Gönnerin gänzlich gerechtfertigt habe. Was Oliviers heldenmütigen Entschluß betreffe, ein Geheimnis, das sich auf die Tat beziehe, mit ins Grab nehmen zu wollen, so tue es ihm leid, daß die Chambre ardente dergleichen Heldenmut nicht ehren könne, denselben vielmehr durch die kräftigsten Mittel zu brechen suchen müsse. Nach drei Tagen hoffe er in dem Besitz des seltsamen Geheimnisses zu sein, das wahrscheinlich geschehene Wunder an den Tag bringen werde.

Nur zu gut wußte die Scuderi, was der fürchterliche la Regnie mit jenen Mitteln, die Brußons Heldenmut brechen sollten, meinte. Nun war es gewiß, daß die Tortur über den Unglücklichen verhängt war. In der Todesangst fiel der Scuderi endlich ein, daß, um nur Aufschub zu erlangen, der Rat eines Rechtsverständigen dienlich sein könne. Pierre Arnaud d'Andilly war damals der berühmteste Advokat in Paris. Seiner tiefen Wissenschaft, seinem umfassenden Verstande war seine Rechtschaffenheit, seine Tugend gleich. Zu dem begab sich die Scuderi und sagte ihm alles, so weit es möglich war, ohne Brußons Geheimnis zu verletzen. Sie glaubte, daß d'Andilly mit Eifer sich des Unschuldigen annehmen werde, ihre Hoffnung wurde aber auf das bitterste getäuscht. D'Andilly hatte ruhig alles angehört und erwiderte dann lächelnd mit Boileaus Worten: „Le vrai peut quelque fois n'être pas vraisemblable.“ – Er bewies der Scuderi, daß die auffallendsten Verdachtsgründe wider Brußon sprächen, daß la Regnies Verfahren keineswegs grausam und übereilt zu nennen, vielmehr ganz gesetzlich sei, ja daß er nicht anders handeln könne, ohne die Pflichten des Richters zu verletzen. Er, d'Andilly, selbst getraue sich nicht, durch die geschickteste Verteidigung Brußon von der Tortur zu retten. Nur Brußon selbst könne das entweder durch aufrichtiges Geständnis oder wenigstens durch die genaueste Erzählung der Umstände bei dem Morde Cardillacs, die dann vielleicht erst zu neuen Ausmittelungen Anlaß geben würden. „So werfe ich mich dem Könige zu Füßen und flehe um Gnade," sprach die Scuderi außer sich mit von Tränen halb erstickter Stimme. „Tut das,“ rief d'Andilly, „tut das um des Himmels willen nicht, mein Fräulein! – Spart Euch dieses letzte Hülfsmittel auf, das, schlug es einmal fehl, Euch für immer verloren ist. Der König wird nimmer einen Verbrecher *der* Art begnadigen, der bitterste Vorwurf des gefährdeten Volks würde ihn treffen. Möglich ist es, daß Brußon durch Entdeckung seines Geheimnisses oder sonst Mittel findet, den wider ihn streitenden Verdacht aufzuheben. Dann ist es Zeit, des Königs Gnade zu erflehen, der nicht danach fragen, was vor Gericht bewiesen ist oder nicht, sondern seine innere Überzeugung zu Rate ziehen wird." – Die Scuderi mußte dem tieferfahrnen d'Andilly notgedrungen beipflichten. – In tiefen Kummer versenkt, sinnend und sinnend, was um der Jungfrau und aller Heiligen willen sie nun anfangen solle, um den unglücklichen Brußon zu retten, saß sie am späten Abend in ihrem Gemach, als die Martiniere eintrat und den Grafen von Miossens, Obristen von der Garde des Königs, meldete, der dringend wünsche, das Fräulein zu sprechen.

„Verzeiht," sprach Miossens, indem er sich mit soldatischem Anstande verbeugte, „verzeiht, mein Fräulein, wenn ich Euch so spät, so zu ungelegener Zeit überlaufe. Wir Soldaten machen es nicht anders, und zudem bin ich mit zwei Worten entschuldigt. – Olivier Brußon führt mich zu Euch." – Die Scuderi, hochgespannt, was sie jetzt wieder erfahren werde, rief laut: „Olivier Brußon? der Unglücklichste aller Menschen? – was habt Ihr mit dem?" – „Dacht' ich's doch," sprach Miossens lächelnd weiter, „daß Eures Schützlings Namen hinreichen würde, mir bei Euch ein geneigtes Ohr zu verschaffen. Die ganze Welt ist von Brußons Schuld überzeugt. Ich weiß, daß Ihr eine andere Meinung hegt, die sich freilich nur auf die Beteurungen des Angeklagten stützen soll, wie man gesagt hat. Mit mir ist es anders. Niemand als ich kann besser überzeugt sein von Brußons Unschuld an dem Tode Cardillacs." – „Redet, o redet," rief die Scuderi, indem ihr die Augen glänzten vor Entzücken. „Ich," sprach Miossens mit Nachdruck, „ich war es selbst, der den alten Goldschmied niederstieß in der Straße St. Honoré unfern Eurem Hause." „Um aller Heiligen willen, Ihr – Ihr!" rief die Scuderi. „Und," fuhr Miossens fort, „und ich schwöre es Euch, mein Fräulein, daß ich stolz bin auf meine Tat. Wisset, daß Cardillac der verruchteste, heuchlerischte Bösewicht, daß er es war, der in der Nacht heimtückisch mordete und raubte und so lange allen Schlingen entging. Ich weiß selbst nicht, wie es kam, daß ein innerer Verdacht sich in mir gegen den alten Bösewicht regte, als er voll sichtbarer Unruhe den Schmuck brachte, den ich bestellt, als er sich genau erkundigte, für wen ich den Schmuck bestimmt, und als er auf recht listige Art meinen Kammerdiener ausgefragt hatte, wenn ich eine gewisse Dame zu besuchen pflege. – Längst war es mir aufgefallen, daß die unglücklichen Schlachtopfer der abscheulichsten Raubgier alle dieselbe Todeswunde trugen. Es war mir gewiß, daß der Mörder auf den Stoß, der augenblicklich töten mußte, eingeübt war und darauf rechnete. Schlug der fehl, so galt es den gleichen Kampf. Dies ließ mich eine Vorsichtsmaßregel brauchen, die so einfach ist, daß ich nicht begreife, wie andere nicht längst darauf fielen und sich retteten von dem bedrohlichen Mordwesen. Ich trug einen leichten Brustharnisch unter der Weste. Cardillac fiel mich von hinten an. Er umfaßte mich mit Riesenkraft, aber der sicher geführte Stoß glitt ab an dem Eisen. In demselben Augenblick entwand ich mich ihm und stieß ihm den Dolch, den ich in Bereitschaft hatte, in die Brust." – „Und Ihr schwiegt," fragte die Scuderi, „Ihr zeigtet den Gerichten nicht an, was geschehen?" – „Erlaubt," sprach Miossens weiter, „erlaubt, mein Fräulein, zu bemerken, daß eine solche Anzeige mich, wo nicht geradezu ins Verderben, doch in den abscheulichsten Prozeß verwickeln konnte. Hätte la Regnie, überall Verbrechen witternd, mir's denn geradehin geglaubt, wenn ich den rechtschaffenen Cardillac, das Muster aller Frömmigkeit und Tugend, des versuchten Mordes angeklagt? Wie wenn das Schwert der Gerechtigkeit seine Spitze wider mich selbst gewandt?" – „Das war nicht möglich," rief die Scuderi, „Eure Geburt – Euer Stand –" „Oh," fuhr Miossens fort, „denkt doch an den Marschall von Luxemburg, den der Einfall, sich von le Sage das Horoskop stellen zu lassen, in den Verdacht des Giftmordes und in die Bastille brachte. Nein, beim St. Dionys, nicht eine Stunde Freiheit, nicht meinen Ohrzipfel geb' ich preis dem rasenden la Regnie, der sein Messer gern an unser aller Kehlen setzte." – „Aber so bringt Ihr ja den unschuldigen Brußon aufs Schaffot?" fiel die Scuderi ins Wort. „Unschuldig," erwiderte Miossens, „unschuldig, mein Fräulein, nennt Ihr des verruchten Cardillacs Spießgesellen? – der ihm beistand in seinen Taten? der den Tod hundertmal verdient hat? – Nein, in der Tat, *der* blutet mit Recht, und daß ich Euch, mein hochverehrtes Fräulein, den wahren Zusammenhang der Sache entdeckte, geschah in der Voraussetzung, daß Ihr, ohne mich in die Hände der Chambre ardente zu liefern, doch mein Geheimnis auf irgend eine Weise für Euren Schützling zu nützen verstehen würdet."

Die Scuderi, im Innersten entzückt, ihre Überzeugung von Brußons Unschuld auf solch entscheidende Weise bestätigt zu sehen, nahm gar keinen Anstand, dem Grafen, der Cardillacs Verbrechen ja schon kannte, alles zu entdecken und ihn aufzufordern, sich mit ihr zu d'Andilly zu begeben. *Dem* sollte unter dem Siegel der Verschwiegenheit alles entdeckt werden, *der* sollte dann Rat erteilen, was nun zu beginnen.

D'Andilly, nachdem die Scuderi ihm alles auf das genaueste erzählt hatte, erkundigte sich nochmals nach den geringfügigsten Umständen. Insbesondere fragte er den Grafen Miossens, ob er auch die feste Überzeugung habe, daß er von Cardillac angefallen, und ob er Olivier Brußon als denjenigen würde wieder erkennen können, der den Leichnam fortgetragen. „Außerdem," erwiderte Miossens, „daß ich in der mondhellen Nacht den Goldschmied recht gut erkannte, habe ich auch bei la Regnie selbst den Dolch gesehen, mit dem Cardillac niedergestoßen wurde. Es ist der meinige, ausgezeichnet durch die zierliche Arbeit des Griffs. Nur einen Schritt von ihm stehend, gewahrte ich alle Züge des Jünglings, dem der Hut vom Kopf gefallen, und würde ihn allerdings wieder erkennen können."

D'Andilly sah schweigend einige Augenblicke vor sich nieder, dann sprach er: „Auf gewöhnlichem Wege ist Brußon aus den Händen der Justiz nun ganz und gar nicht zu retten. Er will Madelons halber Cardillac nicht als Mordräuber nennen. Das mag er tun, denn selbst, wenn es ihm gelingen müßte, durch Entdeckung des heimlichen Ausgangs, des zusammengeraubten Schatzes dies nachzuweisen, würde ihn doch als Mitverbundenen der Tod treffen. Dasselbe Verhältnis bleibt stehen, wenn der Graf Miossens die Begebenheit mit dem Goldschmied, wie sie wirklich sich zutrug, den Richtern entdecken sollte. *Aufschub* ist das einzige, wornach getrachtet werden muß. Graf Miossens begibt sich nach der Conciergerie, läßt sich Olivier Brußon vorstellen und erkennt ihn für den, der den Leichnam Cardillacs fortschaffte. Er eilt zu la Regnie und sagt: 'In der Straße St. Honoré sah ich einen Menschen niederstoßen, ich stand dicht neben dem Leichnam, als ein anderer hinzusprang, sich zum Leichnam niederbückte, ihn, da er noch Leben spürte, auf die Schultern lud und forttrug. In

Olivier Brußon habe ich diesen Menschen erkannt.' Diese Aussage veranlaßt Brußons nochmalige Vernehmung, Zusammenstellung mit dem Grafen Miossens. Genug, die Tortur unterbleibt und man forscht weiter nach. Dann ist es Zeit, sich an den König selbst zu wenden. Euerm Scharfsinn, mein Fräulein, bleibt es überlassen, dies auf die geschickteste Weise zu tun. Nach meinem Dafürhalten würd' es gut sein, dem Könige das ganze Geheimnis zu entdecken. Durch diese Aussage des Grafen Miossens werden Brußons Geständnisse unterstützt. Dasselbe geschieht vielleicht durch geheime Nachforschungen in Cardillacs Hause. Kein Rechtsspruch, aber des Königs Entscheidung, auf inneres Gefühl, das da, wo der Richter strafen muß, Gnade ausspricht, gestützt, kann das alles begründen." – Graf Miossens befolgte genau, was d'Andilly geraten, und es geschah wirklich, was dieser vorhergesehen.

Nun kam es darauf an, den König anzugehen, und dies war der schwierigste Punkt, da er gegen Brußon, den er allein für den entsetzlichen Raubmörder hielt, welcher so lange Zeit hindurch ganz Paris in Angst und Schrecken gesetzt hatte, solchen Abscheu hegte, daß er, nur leise erinnert an den berüchtigten Prozeß, in den heftigsten Zorn geriet. Die Maintenon, ihrem Grundsatz, dem Könige nie von unangenehmen Dingen zu reden, getreu, verwarf jede Vermittlung, und so war Brußons Schicksal ganz in die Hand der Scuderi gelegt. Nach langem Sinnen faßte sie einen Entschluß ebenso schnell, als sie ihn ausführte. Sie kleidete sich in eine schwarze Robe von schwerem Seidenzeug, schmückte sich mit Cardillacs köstlichem Geschmeide, hing einen langen schwarzen Schleier über und erschien so in den Gemächern der Maintenon zur Stunde, da eben der König zugegen. Die edle Gestalt des ehrwürdigen Fräuleins in diesem feierlichen Anzuge hatte eine Majestät, die tiefe Ehrfurcht erwecken mußte selbst bei dem losen Volk, das gewohnt ist, in den Vorzimmern sein leichtsinnig nichts beachtendes Wesen zu treiben. Alles wich scheu zur Seite, und als sie nun eintrat, stand selbst der König ganz verwundert auf und kam ihr entgegen. Da blitzten ihm die köstlichen Diamanten des Halsbands, der Armbänder ins Auge, und er rief: „Beim Himmel, das ist Cardillacs Geschmeide!" Und dann sich zur Maintenon wendend, fügte er mit anmutigem Lächeln hinzu: „Seht, Frau Marquise, wie unsere schöne Braut um ihren Bräutigam trauert." „Ei, gnädiger Herr," fiel die Scuderi wie den

Scherz fortsetzend ein, „wie würd' es ziemen einer schmerzerfüllten Braut, sich so glanzvoll zu schmücken? Nein, ich habe mich ganz losgesagt von diesem Goldschmied und dächte nicht mehr an ihn, träte mir nicht manchmal das abscheuliche Bild, wie er ermordet dicht bei mir vorübergetragen wurde, vor Augen." „Wie," fragte der König, „wie! Ihr habt ihn gesehen, den armen Teufel?" Die Scuderi erzählte nun mit kurzen Worten, wie sie der Zufall (noch erwähnte sie nicht der Einmischung Brußons) vor Cardillacs Haus gebracht, als eben der Mord entdeckt worden. Sie schilderte Madelons wilden Schmerz, den tiefen Eindruck, den das Himmelskind auf sie gemacht, die Art, wie sie die Arme unter Zujauchzen des Volks aus Desgrais' Händen gerettet. Mit immer steigendem und steigendem Interesse begannen nun die Szenen mit la Regnie – mit Desgrais – mit Olivier Brußon selbst. Der König, hingerissen von der Gewalt des lebendigsten Lebens, das in der Scuderi Rede glühte, gewahrte nicht, daß von dem gehässigen Prozeß des ihm abscheulichen Brußons die Rede war, vermochte nicht ein Wort hervorzubringen, konnte nur dann und wann mit einem Ausruf Luft machen der innern Bewegung. Ehe er sich's versah, ganz außer sich über das Unerhörte, was er erfahren und noch nicht vermögend, alles zu ordnen, lag die Scuderi schon zu seinen Füßen und flehte um Gnade für Olivier Brußon. „Was tut Ihr," brach der König los, indem er sie bei beiden Händen faßte und in den Sessel nötigte, „was tut Ihr, mein Fräulein! – Ihr überrascht mich auf seltsame Weise! – Das ist ja eine entsetzliche Geschichte! – Wer bürgt für die Wahrheit der abenteuerlichen Erzählung Brußons?" Darauf die Scuderi: „Miossens'Aussage – die Untersuchung in Cardillacs Hause – innere Überzeugung – ach! Madelons tugendhaftes Herz, das gleiche Tugend in dem unglücklichen Brußon erkannte!" – Der König, im Begriff, etwas zu erwidern, wandte sich auf ein Geräusch um, das an der Türe entstand. Louvois, der eben im andern Gemach arbeitete, sah hinein mit besorglicher Miene. Der König stand auf und verließ, Louvois folgend, das Zimmer. Beide, die Scuderi, die Maintenon hielten diese Unterbrechung für gefährlich, denn einmal überrascht mochte der König sich hüten, in die gestellte Falle zum zweitenmal zu gehen. Doch nach einigen Minuten trat der König wieder hinein, schritt rasch ein paarmal im Zimmer auf und ab, stellte sich dann, die Hände über den Rücken geschlagen, dicht vor der Scuderi hin und sprach, ohne sie anzublicken, halb leise:

„Wohl möcht' ich Eure Madelon sehen!“ – Darauf die Scuderi: „O mein gnädiger Herr, welches hohen – hohen Glücks würdigt Ihr das arme unglückliche Kind – ach, nur Eures Winks bedurft' es ja, die Kleine zu Euren Füßen zu sehen.” Und trippelte dann, so schnell sie es in den schweren Kleidern vermochte, nach der Tür und rief hinaus, der König wolle Madelon Cardillac vor sich lassen, und kam zurück und weinte und schluchzte von Entzücken und Rührung. Die Scuderi hatte solche Gunst geahnet und daher Madelon mitgenommen, die bei der Marquise Kammerfrau wartete mit einer kurzen Bittschrift in den Händen, die ihr d'Andilly aufgesetzt. In wenig Augenblicken lag sie sprachlos dem Könige zu Füßen. Angst – Bestürzung – scheue Ehrfurcht – Liebe und Schmerz – trieben der Armen rascher und rascher das siedende Blut durch alle Adern. Ihre Wangen glühten in hohem Purpur – die Augen glänzten von hellen Tränenperlen, die dann und wann hinabfielen durch die seidenen Wimpern auf den schönen Lilienbusen. Der König schien betroffen über die wunderbare Schönheit des Engelskinds. Er hob das Mädchen sanft auf, dann machte er eine Bewegung, als wolle er ihre Hand, die er gefaßt, küssen. Er ließ sie wieder und schaute das holde Kind an mit tränenfeuchtem Blick, der von der tiefsten innern Rührung zeugte. Leise lispelte die Maintenon der Scuderi zu: „Sieht sie nicht der la Valliere ähnlich auf ein Haar, das kleine Ding? – Der König schwelgt in den süßesten Erinnerungen. Euer Spiel ist gewonnen.” – So leise dies auch die Maintenon sprach, doch schien es der König vernommen zu haben. Eine Röte überflog sein Gesicht, sein Blick streifte bei der Maintenon vorüber, er las die Supplik, die Madelon ihm überreicht, und sprach dann mild und gütig: „Ich will's wohl glauben, daß du, mein liebes Kind, von deines Geliebten Unschuld überzeugt bist, aber hören wir, was die Chambre ardente dazu sagt!” – Eine sanfte Bewegung mit der Hand verabschiedete die Kleine, die in Tränen verschwimmen wollte. – Die Scuderi gewahrte zu ihrem Schreck, daß die Erinnerung an die Valliere, so ersprießlich sie anfangs geschienen, des Königs Sinn geändert hatte, sowie die Maintenon den Namen genannt. Mocht' es sein, daß der König sich auf unzarte Weise daran erinnert fühlte, daß er im Begriff stehe, das strenge Recht der Schönheit aufzuopfern, oder vielleicht ging es dem Könige wie dem Träumer, dem, hart angerufen, die schönen Zauberbilder, die er zu umfassen gedachte, schnell verschwinden. Vielleicht sah er nun nicht mehr seine Valliere vor sich, sondern dachte nur an die Soeur Louise de la miséricorde (der Valliere Klostername bei den Karmeliternonnen), die ihn peinigte mit ihrer Frömmigkeit und Buße. – Was war jetzt anders zu tun, als des Königs Beschlüsse ruhig abzuwarten.

Des Grafen Miossens Aussage vor der Chambre ardente war indessen bekannt geworden, und wie es zu geschehen pflegt, daß das Volk leicht getrieben wird von einem Extrem zum andern, so wurde derselbe, den man erst als den verruchtesten Mörder verfluchte und den man zu zerreißen drohte, noch ehe er die Blutbühne bestiegen, als unschuldiges Opfer einer barbarischen Justiz beklagt. Nun erst erinnerten sich die Nachbarsleute seines tugendhaften Wandels, der großen Liebe zu Madelon, der Treue, der Ergebenheit mit Leib und Seele, die er zu dem alten Goldschmied gehegt. – Ganze Züge des Volks erschienen oft auf bedrohliche Weise vor la Regnies Palast und schrien: „Gib uns Olivier Brußon heraus, er ist unschuldig," und warfen wohl gar Steine nach den Fenstern, so daß la Regnie genötigt war, bei der Marechaussee Schutz zu suchen vor dem erzürnten Pöbel.

Mehrere Tage vergingen, ohne daß der Scuderi von Olivier Brußons Prozeß nur das mindeste bekannt wurde. Ganz trostlos begab sie sich zur Maintenon, die aber versicherte, daß der König über die Sache schweige und es gar nicht geraten scheine, ihn daran zu erinnern. Fragte sie nun noch mit sonderbarem Lächeln, was denn die kleine Valliere mache? so überzeugte sich die Scuderi, daß tief im Innern der stolzen Frau sich ein Verdruß über eine Angelegenheit regte, die den reizbaren König in ein Gebiet locken konnte, auf dessen Zauber sie sich nicht verstand. Von der Maintenon konnte sie daher gar nichts hoffen.

Endlich mit d'Andillys Hülfe gelang es der Scuderi, auszukundschaften, daß der König eine lange geheime Unterredung mit dem Grafen Miossens gehabt. Ferner, daß Bontems, des Königs vertrautester Kammerdiener und Geschäftsträger, in der Conciergerie gewesen und mit Brußon gesprochen, daß endlich in einer Nacht ebenderselbe Bontems mit mehreren Leuten in Cardillacs Hause gewesen und sich lange darin aufgehalten. Claude Patru, der Bewohner des untern Stocks, versicherte, die ganze Nacht habe es über seinem Kopfe gepoltert, und gewiß sei Olivier dabei gewesen, denn er habe seine Stimme genau erkannt. So viel war also gewiß, daß der König selbst dem wahren Zusammenhange der Sache nachforschen ließ, unbegreiflich blieb aber die lange Verzögerung des Beschlusses. La Regnie mochte alles aufbieten, das Opfer, das ihm entrissen werden sollte, zwischen den Zähnen festzuhalten. Das verdarb jede Hoffnung im Aufkeimen.

Beinahe ein Monat war vergangen, da ließ die Maintenon der Scuderi sagen, der König wünsche sie heute abend in ihren, der Maintenon, Gemächern zu sehen.

Das Herz schlug der Scuderi hoch auf, sie wußte, daß Brußons Sache sich nun entscheiden würde. Sie sagte es der armen Madelon, die zur Jungfrau, zu allen Heiligen inbrünstig betete, daß sie doch nur in dem König die Überzeugung von Brußons Unschuld erwecken möchten.

Und doch schien es, als habe der König die ganze Sache vergessen, denn wie sonst, weilend in anmutigen Gesprächen mit der Maintenon und der Scuderi, gedachte er nicht mit einer Silbe des armen Brußons. Endlich erschien Bontems, näherte sich dem Könige und sprach einige Worte so leise, daß beide Damen nichts davon verstanden. – Die Scuderi erbebte im Innern. Da stand der König auf, schritt auf die Scuderi zu und sprach mit leuchtenden Blicken: „Ich wünsche Euch Glück, mein Fräulein! – Euer Schützling, Olivier Brußon, ist frei!" – Die Scuderi, der die Tränen aus den Augen stürzten, keines Wortes mächtig, wollte sich dem Könige zu Füßen werfen. *Der* hinderte sie daran, sprechend: „Geht, geht! Fräulein, Ihr solltet Parlamentsadvokat sein und meine Rechtshändel ausfechten, denn, beim heiligen Dionys, Eurer Beredsamkeit widersteht niemand auf Erden. – Doch," fügte er ernster hinzu, „doch, wen die Tugend selbst in Schutz nimmt, mag der nicht sicher sein vor jeder bösen Anklage, vor der Chambre ardente und allen Gerichtshöfen in der Welt!" – Die Scuderi fand nun Worte, die sich in den glühendsten Dank ergossen. Der König unterbrach sie, ihr ankündigend, daß in ihrem Hause sie selbst viel feurigerer Dank erwarte, als er von ihr fordern könne, denn wahrscheinlich umarme in diesem Augenblick der glückliche Olivier schon seine Madelon. „Bontems," so schloß der König, „Bontems soll Euch tausend Louis auszahlen, die gebt in meinem Namen der Kleinen als Brautschatz. Mag sie ihren Brußon, der solch ein Glück gar nicht verdient, heiraten, aber dann sollen beide fort aus Paris. Das ist mein Wille.”

Die Martiniere kam der Scuderi entgegen mit raschen Schritten, hinter ihr her Baptiste, beide mit vor Freude glänzenden Gesichtern, beide jauchzend, schreiend: „Er ist hier – er ist frei! – o die lieben jungen Leute!” Das selige Paar stürzte der Scuderi zu Füßen. „O ich habe es ja gewußt, daß Ihr, Ihr allein mir den Gatten retten würdet,” rief Madelon. „Ach, der Glaube an Euch, meine Mutter, stand ja fest in meiner Seele,” rief Olivier, und beide küßten der würdigen Dame die Hände und vergossen tausend heiße Tränen. Und dann umarmten sie sich wieder und beteuerten, daß die überirdische Seligkeit dieses Augenblicks alle namenlose Leiden der vergangenen Tage aufwiege; und schworen, nicht voneinander zu lassen bis in den Tod.

Nach wenigen Tagen wurden sie verbunden durch den Segen des Priesters. Wäre es auch nicht des Königs Wille gewesen, Brußon hätte doch nicht in Paris bleiben können, wo ihn alles an jene entsetzliche Zeit der Untaten Cardillacs erinnerte, wo irgend ein Zufall das böse Geheimnis, nun noch mehreren Personen bekannt worden, feindselig enthüllen und sein friedliches Leben auf immer verstören konnte. Gleich nach der Hochzeit zog er, von den Segnungen der Scuderi begleitet, mit seinem jungen Weibe nach Genf. Reich ausgestattet durch Madelons Brautschatz, begabt mit seltner Geschicklichkeit in seinem Handwerk, mit jeder bürgerlichen Tugend, ward ihm dort ein glückliches sorgenfreies Leben. Ihm wurden die Hoffnungen erfüllt, die den Vater getäuscht hatten bis in das Grab hinein.

Ein Jahr war vergangen seit der Abreise Brußons, als eine öffentliche Bekanntmachung erschien, gezeichnet von Harloy de Chauvalon, Erzbischof von Paris, und von dem Parlamentsadvokaten Pierre Arnaud d'Andilly, des Inhalts, daß ein reuiger Sünder, unter dem Siegel der Beichte, der Kirche einen reichen geraubten Schatz an Juwelen und Geschmeide übergeben. Jeder, dem etwa bis zum Ende des Jahres 1680, vorzüglich durch mörderischen Anfall auf öffentlicher Straße, ein Schmuck geraubt worden, solle sich bei d'Andilly melden und werde, treffe die Beschreibung des ihm geraubten Schmucks mit irgend einem vorgefundenen Kleinod genau überein und finde sonst kein Zweifel gegen die Rechtmäßigkeit des Anspruchs statt, den Schmuck wieder erhalten. – Viele, die in Cardillacs Liste als nicht ermordet sondern bloß durch einen Faustschlag betäubt aufgeführt waren, fanden sich nach und nach bei dem Parlamentsadvokaten ein und erhielten zu ihrem nicht geringen Erstaunen das ihnen geraubte Geschmeide zurück. Das übrige fiel dem Schatz der Kirche zu St. Eustache anheim.

Kommentare

Kommentar I

Heinz Müller-Dietz

E. T. A. Hoffmanns Erzählung „Das Fräulein von Scuderi" im (straf-)rechtsgeschichtlichen und kriminologischen Kontext

I. Gestalt und Gestaltung der Erzählung

1. Erste Eindrücke

Was ist das für ein Werk! Es gilt als erste Kriminalerzählung in der deutschen Literaturgeschichte, als Kriminalnovelle, Vorläuferin eines immer mehr wachsenden Genres, das stets auf regen, eher noch zunehmenden Zuspruch des Publikums stößt. Dabei trifft hier der überkommene Begriff der Novelle als eines „unerhörten Geschehens" durchaus den Nagel auf den Kopf.[1] Wenngleich die Frage der literaturwissenschaftlichen Etikettierung oder Einordnung gewiss weniger gewichtig erscheint als diejenige des Inhalts und der Qualität des Werkes.[2]

1 *Jochen Vogt*, Erzählende Texte, in: Heinz Ludwig Arnold und Volker Sinemus (Hrsg.), Grundzüge der Literatur- und Sprachwissenschaft, Bd. 1, 5. Aufl. München 1978, S. 285 ff. (291 ff.).

2 Zu der Erzählung etwa: *Hellmuth Himmel*, Schuld und Sühne der Scuderi. Zu Hoffmanns Novelle, in: Mitteilungen der E.T.A. Hoffmann-Gesellschaft 7 (1960), S. 1–15; *Klaus Kanzog*, E.T.A. Hoffmanns Erzählung „Das Fräulein von Scuderi" als Kriminalgeschichte (1964), in: Helmut Prang (Hrsg.), E.T.A. Hoffmann. Darmstadt 1976, S. 307–321; *Klaus D. Post*, Kriminalgeschichte als Heilsgeschichte. Zu E.T.A. Hoffmanns Erzählung „Das Fräulein von Scuderi", Ztschr. f. deutsche Philologie 95 (1976), Sonderheft, S. 132–156; *Wilfried Freund*, Die deutsche Kriminalnovelle von Schiller bis Hauptmann, 2. Aufl. Paderborn 1980, S. 43–53; *Hans Ulrich Lindken*, E.T.A. Hoffmann: Das Fräulein von Scuderi. Erläuterungen und Dokumente. Stuttgart 1982 (1978); *Gisela Gorski*, E.T.A. Hoffmann: „Das Fräulein von Scuderi". Stuttgart 1980; *Peter Schneider*, Verbrechen, Künstlertum und Wahnsinn. Untersuchungen zur Figur des Cardillac in: E.T.A. Hoffmanns „Das Fräulein von Scuderi", in: Mitteilungen der E.T.A. Hoffmann-Gesellschaft 26 (1980), S. 34–50; *Jochen Schmidt*, Das Fräulein von Scuderi und Cardillac, in: *E.T.A. Hoffmann*, Das Fräulein von Scuderi, 3. Aufl. Frankfurt a.M. und Leipzig 1986, S. 109–121; *Sabine Awiszus*, Das Fräulein von Scuderi, in: Walter Jens (Hrsg.), Kindlers Neues Literatur Lexikon, Bd. 7. München 1988, S. 948 f. (m.w.N. bis 1986); *Hartmut Mangold*, Gerechtigkeit durch Poesie. Rechtliche Konfliktsituationen und ihre literarische Gestaltung bei E.T.A. Hoffmann. Wiesbaden 1989, S. 262–280; *Carmen Pinilla Ballester*, Erzählte Hinrichtungen. Frankfurt a.M. 1992, S. 80–89; *Rolf Meier*, Dialog zwischen Jurisprudenz und Literatur. Richterliche Unabhängigkeit und Rechtsabbildung in E.T.A. Hoffmanns „Das Fräulein von Scuderi". Baden-Baden 1994; *Bernd Hesse*, Die Kriminalerzählung „Das Fräulein von Scuderi" als Spiegel des Richteramts E.T.A. Hoffmanns, Neue Juristische Wochenschrift (NJW) 61 (2008), S. 698–704.

Es klingt recht abfällig: Wer nicht bereit ist, sich auf anspruchsvolle Literatur einzulassen, liest gern kriminalistisch interessante Texte. Doch ist das ein Vorurteil, das sich wohl längst überlebt hat. Als ob – wie so viele Beispiele beweisen – nicht auch oder gerade sie – Ansprüche an die (sprachliche) Gestaltung von Figuren und Handlungen – und damit natürlich auch an Leser – stellen können. E.T.A. Hoffmann vermag mit dem „Fräulein von Scuderi" freilich weit mehr als eine Kriminalerzählung – mit einer Abfolge mehr oder minder geheimnisvoller Straftaten und deren schließlicher Aufklärung – zu bieten. In den Kontext krimineller Ereignisse und kriminalistischer Ermittlungstätigkeit von Polizei und Gerichten verflochten ist das Bild einer Justiz, die sich in ihrem grausamen, willkürlichen und barbarischen Wirken wenigstens in moralischer Hinsicht den Verbrechen, die sie aufzuklären sucht, näher steht als der Gerechtigkeit, die sie zu verwirklichen vorgibt. Der Autor zeichnet aber auch das helle Bild der Titelfigur, deren Persönlichkeit und Wirken sich in beispielhafter Weise von dem angedeuteten düsteren Hintergrund und seinen Protagonisten abheben.

Der kundige Literaturliebhaber Rolf Vollmann hat Hoffmanns Erzählung kürzlich aus gegebenem Anlass mit wenigen Strichen auf den Begriff gebracht: Danach wartet sie mit allen nur erdenklichen Ingredienzen auf, die es braucht, um gleichsam ein „Lesefest" zu veranstalten, das die Lektüre zu einem eindrucksvollen und nachwirkenden Ereignis werden lässt. Die Themen und Sujets, die der Dichter in seiner Novelle versammelt, gar noch zu einem bunten, aber durchaus stimmigen Bild vereinigt hat, reichen von Geheimnis und Grauen über den Mord bis hin zum Wahnsinn, zur Kunst und zur Liebe.[3] Da fehlt es freilich auch an Elementen der Detektivgeschichte nicht, wie sie namentlich in der Schilderung der Rolle sichtbar wird, die der Titelfigur hinsichtlich ihrer akribischen Wahrheitssuche, der Auflösung des kriminalistischen Rätsels, zugewiesen wird.[4] Dem allem könnte einmal mehr fast der Beigeschmack, das Hautgout der nicht gerade in hohem Ansehen stehenden Unterhaltungsliteratur anhaften.[5] Doch entspräche dies mehr als einem bloß oberflächlichen und kurzsichtigen Verständnis des Werkes. Dagegen spricht allein schon die virtuose Beherrschung literarischer Stilmittel, wie sie beispielsweise am Aufbau der Erzählung sowie am souveränen Wechsel zwischen überaus detaillierten Schilderungen und kurzen, knappen Skizzen deutlich wird, die in wenigen Sätzen ganze Entwicklungen einfangen.

---

3 *Vollmann*, Von Geheimnissen, schön und schwer, in: Die Zeit Nr. 16 vom 10.4.2003, S. 60. *Ders.* auch: Roman-Navigator. 200 Lieblingsromane. Von der „Blechtrommel" bis „Tristam Shandy". München 2000.

4 *Richard Alewyn*, Die Anfänge des Detektivromans, in: Viktor Zmegac (Hrsg.), Der wohltemperierte Mord. Frankfurt a.M. 1971, S. 185–202.

5 Zu diesem Genre *Albert Klein*, Unterhaltungs- und Trivialliteratur, in: Arnold / Sinemus (Fn. 1), S. 431 ff.

2. *Zum narrativen Duktus der Erzählung*

Die Novelle ist im Frühjahr 1818 entstanden,[6] also noch vor der im Oktober 1819 erfolgten Ernennung E.T.A. Hoffmanns zum Mitglied der Königlich Preußischen „Immediat-Untersuchungs-Commission zur Ermittlung hochverräterischer Verbindungen und anderer gefährlicher Umtriebe“. Diese Kommission sollte im Zuge der Demagogenverfolgung weniger zur Ahndung von Straftaten beitragen als vielmehr in einer an Gesinnungsschnüffelei schwer zu überbietenden Weise Ideen und Vorstellungen vermeintlicher Verschwörer ausfindig machen. Dass ein solches Vorgehen dem gesetzestreuen Kammergerichtsrat Hoffmann, der die Strafbarkeit – strafrechtlichen Tatbeständen entsprechend – nach dem objektiven Verhalten und nicht den subjektiven Einstellungen zu beurteilen pflegte, in höchstem Maße zuwiderlief, wird durch sein berufliches Wirken überaus eindrucksvoll belegt. Insoweit lassen sich denn auch deutliche Parallelen zwischen der Haltung und Tätigkeit des Juristen und den literarischen Positionen ziehen, die er als Schriftsteller im Text – etwa zur Strafjustiz und ihrem Agieren – einnimmt.[7]

Die Erzählung ist nicht durch eine fortlaufende, dem geschichtlichen Gang der Handlung folgende Darstellung gekennzeichnet. Sie weist vielmehr etliche Einschübe, Retardierungen und überraschende Momente auf, die gerade dazu angetan sind, den Leser in ihren Bann zu ziehen und nicht mehr loszulassen. Die narrative Technik, derer sich Hoffmann bedient, weist ihn – wie schon angedeutet – als einen Kriminalschriftsteller par excellence aus. Zugleich pflegt er eine Art der Darstellung, die für sein Werk im Übrigen charakteristisch ist und auch dazu geführt hat, dass die Novelle 1819 in die Sammlung „Die Serapions-Brüder“ aufgenommen worden ist. So wird der Fortgang der Handlung des öfteren nicht durch den Autor selbst geschildert. Stattdessen erfährt der Leser sie wiederholt aus dem Munde von Personen, die – in welcher Weise auch immer – in das Geschehen involviert sind.[8] In der Regel nehmen diese Schilderungen eine gewichtige Rolle im gesamten Handlungsablauf ein.

Das gilt namentlich für die Ereignisse, die zentrale Bedeutung für Kindheit, Jugend und Lebensweise des Goldschmieds Cardillac gewonnen und sich auch in seiner Todesnacht abgespielt haben. Die gleichsam schicksalhaften, psychopathologischen Erlebnis-

---

6 Zur Entstehungs- und Wirkungsgeschichte *Lindken* (Fn. 2), S. 39 ff.

7 Das zieht sich wie ein roter Faden durch die Darstellungen, die Hoffmann in seiner Doppelrolle als Richter und Dichter würdigen. Vgl. nur *Meier* (Fn. 2), S. 57 ff., 90 ff.; *Hesse* (Fn. 2), NJW 2008, 699 ff. Vgl. ferner *Wulf Segebrecht*, E.T.A. Hoffmanns Auffassung vom Richteramt und vom Dichterberuf, in: Jahrbuch der Deutschen Schillergesellschaft 11 (1967), S. 62–99. Die juristischen Beiträge des Kammergerichtsrats sind ja längst veröffentlicht: *E.T.A. Hoffmann*, Juristische Arbeiten. Mit Erläuterungen herausgegeben von Friedrich Schnapp. München 1973.

8 Über Erzählformen *Jochen Vogt*, Grundlagen narrativer Texte, in: Heinz Ludwig Arnold und Heinrich Detering (Hrsg.), Grundzüge der Literaturwissenschaft. München 1996, S. 287 ff. (299 ff.).

se dieses Protagonisten, die seine von regelrechter Besessenheit erfüllte Fixierung auf die von ihm gefertigten Schmuckstücke geprägt und seine Raubmorde ausgelöst haben, teilt Olivier Brusson der Scuderi mit; ihm wiederum hat sie Cardillac selbst gestanden. Auch was Olivier in jener Todesnacht erlebt hat, gibt Hoffmann nicht einfach weiter; der Verfasser lässt dieses Geschehen einmal mehr Olivier dem Fräulein erzählen. Dass und wie Graf Miossens, der Obrist aus der Garde des Königs, den Goldschmied in Notwehr getötet hat, kann der Leser lediglich einem Bericht des Betroffenen selbst entnehmen. So entsteht im Laufe des Fortgangs der Handlung ein buntes, ineinander verflochtenes Panorama von Geschichtserzählungen, die erst in der Summe ein in sich geschlossenes und verständliches Gesamtbild ergeben.

3. Zur Polyphonie der Erzählung: Kunst-, Kriminal- und Liebesgeschichte

Hoffmann präsentiert mit der Titelheldin Magdaleine von Scuderi[9] und ihrem Widerpart, dem geheimnisvoll-abgründigen Goldschmiedmeister René Cardillac dem Leser Künstlergestalten, wie sie gegensätzlicher nicht sein können, die Segnungen und Gefährdungen unterschiedlicher Beziehungen zur Kunst sowie deren Verhältnis zum gesellschaftlichen Leben, das sie in denkbar variantenreicher Weise veranschaulichen. Die Erzählung entwirft aber auch ein Porträt der Pariser Gesellschaft in der Epoche des ausklingenden 17. Jahrhunderts, das vor allem höfisches Leben und Treiben den Lebensformen dienstbarer Untertanen kontrastiert. In dem polyphonen Werk fehlt auch die Liebesgeschichte nicht, die dank eines märchenhaft anmutenden Ausgangs das scheinbar unaufhaltsam einer Tragödie, einem Justizmord – und damit dem Tod einer Liebe – zusteuernde Geschehen in ein ungetrübtes, von allem menschlichen Leid befreites Glück der Liebenden verwandelt. Was der Dichter alles auf begrenztem Raume in seine Erzählung in einer den Leser bis zum Schluss fesselnden Weise hineinzupakken verstanden hat, das sucht seinesgleichen.

Es ist eine alte, zumindest in Teilen bekannte Geschichte, die Hoffmann da, mit vielen Versatzstücken seines Ingeniums versehen, vor dem Leser ausbreitet. Sie spielt – wie schon ihr Untertitel ausweist – in der Zeit um 1680, also in der Ära Ludwigs XIV., des Sonnenkönigs.[10] Sehr viel hat sie nicht mit seinem Pomp und der Pracht, die er mit der Wahrnehmung seiner monarchischen Herrschaft ausgestrahlt hat, zu tun. Erst recht gilt das für seine zahlreichen, auf Arrondierung seines Reiches zielenden Kriegszüge. Doch

9 Das Vorbild für die Titelfigur, Magdaleine von Scuderi (1607–1701), die zur Erzählzeit (um 1680) 73 Jahre alt ist, war Verfasserin gefälliger Verse und vielbändiger Heldenromane, die dem Geschmack maßgebender zeitgenössischer Kreise Rechnung trugen. Der zu Beginn der Erzählung erwähnte Roman „Clelia" erschien bereits 1654–1660 und umfasste nicht weniger als zehn Bände. Hoffmann hält sich insoweit nicht an die tatsächliche Chronologie der Ereignisse.

10 Vgl. *Uwe Schultz*, Der Herrscher von Versailles. Ludwig XIV. und seine Zeit. München 2006.

gibt die Erzählung durchaus – wie keineswegs nur ihr Ende demonstriert – ein gutes Stück weit die souveräne Macht des Herrschers zu erkennen.

Was Hoffmann im Einzelnen schildert und vor allem wie er es tut, erweist sich als ein bis zum Schluss mit denkbar großer Spannung aufgeladenes Geschehen, das von den Protagonisten ihrerseits mit äußerster Anspannung erlebt und verfolgt wird, als ein Handlungsablauf, der den Leser bis zur letzten Seite nicht mehr loslässt, die Lektüre zum fesselnden Abenteuer werden lässt. Die Art, wie es der Dichter versteht, die geheimnisumwobenen Vorgänge, die nicht nur die Titelfigur, sondern auch den Leser in ihren Bann ziehen und buchstäblich atemlos werden lassen, allmählich, Schritt für Schritt zu enthüllen und dem Verstehen näher zu bringen – das hat in der Tat etwas vom Gestus und Faszinosum einer großen Kriminalerzählung. Freilich erschöpft sich der facettenreiche Text keineswegs darin, weil er eben auch Schlaglichter auf die Zeit, auf den staatlichen und gesellschaftlichen Umgang mit Kriminalität und ebenso mit der zeitgenössischen Kunst wirft. Dass und wie Hoffmann das detektivische Gespür der Hauptperson mit poetischen Tönen und Seitenblicken auf die damalige Dichtung zu vereinbaren weiß, das offenbart eine literarische Meisterschaft, die denn auch zum legendären Ruf der Novelle beigetragen hat.

Schon die Einleitung verweist auf die Ingredienzen einer Kriminalerzählung. Sie setzt mit einem Paukenschlag ein, wie er sich dramatischer kaum denken lässt. Die Art und Weise, wie sich eine zunächst völlig unbekannte, unheimlich wirkende Gestalt mitten in der Nacht Einlass in das Haus der angesehenen Schriftstellerin Scuderi zu verschaffen sucht, ruft schlimmste kriminelle Befürchtungen hervor. Die Tatsache, dass Scuderis Bedienter Baptiste und vor allem Martiniere, die Kammerfrau des Fräuleins, sich durch den Auftritt an die in dieser Zeit in Paris grassierenden schweren Verbrechen – vom Raub bis zum Mord – erinnert fühlen, schafft Spannungsmomente, die der Dichter in seiner Schilderung der weiteren Ereignisse nicht nur aufrechtzuerhalten, sondern noch zu steigern versteht.

Hoffmann vermag den Leser nicht nur dadurch in Atem zu halten, dass er die Hintergründe und Zusammenhänge der geheimnisvollen Morde und Raubüberfälle nur allmählich und stückweise preisgibt. Er wartet vielmehr auch mit einer Erzähltechnik auf, die immer wieder statt der erhofften restlosen Aufklärung des Geschehens neue Rätsel aufgibt oder wenigstens Fragen aufwirft. Ebenso wie die Protagonisten während ihrer Wahrheitssuche – wie unterschiedlich sie auch betrieben wird – immer wieder durch Zweifel heimgesucht werden, wird auch der Leser durch denkbar heterogene Möglichkeiten und Wahrscheinlichkeiten verunsichert. Das Wort Boileaus,[11] das der kluge und

---

11 Der französische Dichter Nicolas Boileau-Despréaux (1636–1711), der 1677 Historiograph Ludwigs XIV. wurde und Freund Racines und Molières war, orientierte sich in seiner epigonalen Dichtkunst vor allem an Klassikern wie Juvenal (Satiren) und Horaz (Vers-Episteln).

weise Parlamentsadvokat Pierre Arnaud d'Andilly zitiert, kann gleichsam als insgeheimes Motto für die Schwierigkeiten verstanden werden, ein unwahrscheinlich wirkendes Geschehen in seinem tatsächlichen Ablauf zu erkennen und aufzuklären: „Le vrai peut quelque fois n'est pas vraisamable." (Das Wahre muss nicht immer das Wahrscheinliche sein.) Es ist zugleich ein Wort, das sich wie ein roter Faden durch das ganze Geschehen zieht.

4. Der „Gespenster-Hoffmann" und das Unheimliche

Schon dem kenntnisreichen, kundigen Beobachter Ludwig Börne ist anlässlich einer Besprechung der „Serapions-Brüder" nicht entgangen, dass die Schriften Hoffmanns „aus dem Meere der deutschen Leihbibliotheken (nur das Salz und die Tiefe unterscheidet jenes von diesen)", „als tröstende, liebliche Eilande", herausragen – wie immer man dieses Urteil auch werten mag.[12] Was freilich nicht im Sinne des Gefälligen und Anmutigen misszuverstehen ist – das man ja bei dem schon zu Lebzeiten als „Gespen-ster-Hoffmann" titulierten und charakterisierten Dichter ohnehin nicht vermuten würde.[13] Dabei mag die psychoanalytisch gängige und so beliebte, auch von Vollmann aufgeworfene Frage, ob dieser ungewöhnliche Autor in und mit der häufigen Darstellung des Bösen und Unheimlichen, der Schattenseite menschlichen Lebens und gesellschaftlicher Existenz, bis zu einem gewissen Grade eigene heimliche Obsessionen verarbeitet hat,[14] hier auf sich beruhen. Hoffmann hat jedenfalls – wie auch und gerade „Das Fräulein von Scuderi" belegt – nicht nur den Gegensatz zwischen dem Rationalen und Irrationalen immer wieder literarisch nachempfunden, sondern auch den Zwiespalt und die Ambivalenz im Fühlen, Denken und Handeln, die Gefährdungen, denen der Mensch ausgesetzt ist, in bemerkenswerter Weise aufzuspüren und wiederzugeben vermocht.

Hoffmannsche Ingredienzen reinsten – oder vielmehr trübsten – Wassers werden auch in dem fast durchgängig in der Erzählung aufscheinenden Topos des Unheimlichen sichtbar – das wie so oft bei diesem Autor bedrohliche Züge annimmt.[15] Angesichts der

12 *Börne*, Die Serapions-Brüder, in: *Ders.*, Gesammelte Schriften, 6. Bd. Berlin o.J., S. 42–47 (42). Das mit dem Urteil des Kritikers zusammenhängende Problem, dass Hans Mayer die Rezension in seine Sammlung „Große deutsche Verrisse von Schiller bis Fontane". Frankfurt a.M. 1967, S. 77–84, aufgenommen hat, soll hier nicht weiter verfolgt werden.

13 Mit Recht kritisch zu dieser Etikettierung und anderen auf teilweise grotesken Fehlinterpretationen beruhenden Urteilen über Hoffmann (zu denen freilich auch der erste Biograph des Dichters, *Julius Eduard Hitzig*, E.T.A. Hoffmanns Leben und Nachlass. Mit einem Nachwort von Wolfgang Held. Frankfurt a.M. 1986, beigetragen hat) *Eckart Klessmann*, E.T.A. Hoffmann oder die Tiefe zwischen Stern und Erde. Eine Biographie. Stuttgart 1988, S. 11 f.

14 *Vollmann*, Von Geheimnissen (Fn. 3).

15 „Mit Hoffmann debütiert eine Kunst, die das Grauenhafte ohne grauenhafte Requisiten zu produzieren vermag, der es gelingt, das Entsetzliche in den Mittelpunkt des bürgerlichen Alltags zu bannen." (*Hans Mayer*, Die Wirklichkeit des E.T.A. Hoffmann, in: *E.T.A. Hoffmann*, Werke, 4. Bd.

geheimnisvollen Art und Weise, wie die Raubmorde an reichen Adligen begangen werden, die nachts teuren Schmuck ihren Geliebten als Geschenk überbringen wollen, aber auch auf Grund der öffentlichen Wahrnehmung dieser Taten entsteht der Eindruck, „als stünden die Gauner mit Geistern im Bunde“. Das nicht nur, aber vor allem in den „Elixieren des Teufels“ – der verkappten Darstellung eines langen Prozesses der Ichfindung – immer wiederkehrende Satans- oder Teufelsmotiv wird beschworen, dem das Volk so leicht verfällt.[16]

Als das Erlebnis des polizeilichen Fahnders in Paris offenbar wird, wie ihm der unbekannte Raubmörder, dessen Festnahme nur mehr eine Frage von Augenblicken zu sein scheint, buchstäblich durch die Mauer entwischt, „so glaubte man bald nichts Geringeres, als daß, wie Desgrais nur im Unmut gesagt, wirklich der Teufel selbst die Verruchten schütze, die ihm ihre Seele verkauften“. „Die Erzählung davon mit einem Holzschnitt darüber, eine gräßliche Teufelsgestalt vorstellend, die vor dem erschrockenen Desgrais in die Erde versinkt, wurde gedruckt und an allen Ecken verkauft.“ Nur zu rasch breitet sich – Hoffmann zufolge – der Glaube an Übernatürliches im Publikum aus, wenn es unbegreifliche Vorgänge wahrnimmt oder von Ereignissen erfährt, für die es keine natürliche Erklärung zu geben scheint.

Sigmund Freud selbst ist es gewesen, der die Darstellung unheimlicher Geschehnisse in Hoffmanns Werk psychoanalytischen Deutungen unterzogen hat. Für ihn ist unzweifelhaft der Dichter einer jener Kronzeugen gewesen, die es verstanden haben, dem Schrecklichen, Entsetzen- und Grauenerregenden literarischen Ausdruck zu verleihen. Dementsprechend war er für ihn „der unerreichte Meister des Unheimlichen in der Dichtung“.[17] Freilich knüpfte Freud mit seiner einschlägigen Untersuchung vor allem an „Die Elixiere des Teufels“ und an die Erzählung „Der Sandmann“ an. Namentlich haben ihn in diesem Zusammenhang Thema und Motiv des „Doppelgängers“ beschäftigt[18] – das ja in Hoffmanns Werk eine zentrale Rolle spielt und bis heute durch Interpretationen seiner Erzählungen und Novellen geistert.[19]

Frankfurt a.M. 1967, S. 459 ff. [498]). Vgl. auch *Brunhilde Janssen*, Spuk und Wahnsinn. Zur Genese und Charakteristik phantastischer Literatur in der Romantik aufgezeigt an den „Nachtstükken“ von E.T.A. Hoffmann. Frankfurt a.M. 1986.

16 Zum Teufelsglauben *Peter Strasser*, Verbrechermenschen. Zur kriminalwissenschaftlichen Erzeugung des Bösen, 2. Aufl. Frankfurt / New York 2005, S. 72 ff.

17 *Freud*, Das Unheimliche, in: *Ders.*, Das Unheimliche. Aufsätze zur Literatur. Hrsg. von Klaus Wagenbach. Hamburg 1963, S. 45–84 (62).

18 *Freud* (Fn. 17), S. 63 ff.

19 Vgl. etwa *Klaus Lüderssen*, „Das Phantom unseres Ichs“. Antizipation moderner Delinquenzforschung bei Ernst Theodor Amadeus Hoffmann, in: *Ders.*, Produktive Spiegelungen. Recht in Literatur, Theater und Film, 2. Aufl. Baden-Baden 2002, S. 129–155. Zum entsprechenden Einfluss auf das Werk Hofmannsthals *Gotthart Wunberg*, Depersonalisation und Bewußtsein im Wien des

5. Quellen der Erzählung

Hoffmann hat sich in seiner Novelle beileibe nicht mit einer mehr oder minder detailgetreuen Nacherzählung eines bestimmten kriminalhistorischen Geschehens begnügt. Er hat vielmehr – ganz im Sinne einer alten literarhistorischen Tradition – mehrere geschichtlich überlieferte Stoffe oder Vorlagen zu einem eigenständigen Werk geformt, das zwar recht deutlich auf seine Herkunft zurückverweist, dann aber doch in mehrfacher Hinsicht hinter sich lässt. Hans Ulrich Lindken hat nicht weniger als sieben Quellen ausgemacht, aus denen der Dichter geschöpft hat.[20] Unter ihnen ragen neben Darstellungen, die sich mit der Epoche Ludwigs XIV. befassen, Dokumente jener Ära, namentlich die Sammlung berühmter und interessanter Kriminalfälle, die der französische Advokat Francois Gayot von Pitaval (1673–1743) herausgegeben hat, dessen deutsche Bearbeitung sowie die Nürnberger Chronik des Juristen und Kulturhistorikers Johann Christoph Wagenseil (1633–1705) von 1697 heraus. Der Sammlung Pitavals hat Hoffmann den Kriminalfall Brinvillier entnommen und mit seinen verhängnisvollen Folgen für die geradezu kriminelle Entwicklung der Pariser Gesellschaft als illustratives Versatzstück in seine Erzählung eingebaut.

In der Nürnberger Chronik findet sich das berühmte Zitat über die Liebhaber, die auf ihrem abendlichen oder nächtlichen Weg zu ihren Geliebten wegen ihrer kostbaren Geschenke aus Schmuck und Geschmeide von Raubüberfällen bedroht sind: „Un amant qui craint les voleurs, n'est pas digne d'amour." (Ein Liebender, der die Diebe fürchtet, ist der Liebe nicht würdig.) Auch diesem Wort kommt eine Schlüsselfunktion im Text zu. Es zieht sich denn auch wie ein roter Faden durch die ganze Erzählung. Hoffmann hat diese galanten Verse – die ganz und gar in den Geist der Zeit, namentlich zu den höfischen Sitten passen, als Scherzwort der Scuderi in den Mund gelegt – die dann später über die verhängnisvollen Folgen ihrer in den Konsequenzen unbedachten Äußerung erschrickt.

Überhaupt hat sich der Dichter solcher Quellen bedient, die das Paris in der Epoche des Sonnenkönigs – jedenfalls was dessen Leben und Wirken von seiner höfischen Seite her betrifft – in wohlwollender Weise und kräftigen Farben schildern. Das gilt etwa für die einschlägige Darstellung des zeitgenössischen Schriftstellers Boileau-Despréaux[21] und namentlich diejenige Voltaires,[22] wonach diese Ära – wie Victor Klemperer einmal

---

frühen Hofmannsthal, in: Winfried Kudszus (Hrsg.), Literatur und Schizophrenie. Theorie und Interpretation eines Grenzgebiets. München 1977, S. 69 ff. (72 f.).

20 *Lindken* (Fn. 2), S. 29 ff.

21 Vgl. Fn. 11.

22 *Voltaire*, Le Siècle de Louis XIV. Paris 1751.

angemerkt hat[23] – in einem anderen Licht erstrahlt, als sie seine vielfache Kritik am französischen Königtum nahe legen würde.

II. Aspekte der Kriminalgeschichte

1. Der Kriminalfall Brinvillier und seine Folgen

Bevor die Erzählung mit den im Zentrum der Kriminalgeschichte stehenden Raubmorden anhebt, knüpft Hoffmann an den aus der Pitaval-Sammlung bekannten Kriminalfall Brinvillier an. Dass diesem Einschub vor allem illustrative Bedeutung für das Verständnis der „eigentlichen" Kriminalgeschichte zukommt, wird an der Schilderung der Pariser Giftmorde, ihrer Auswirkungen auf die Gesellschaft sowie des allmählichen Abklingens dieser Verbrechen auf Grund der brutalen, gesetzwidrigen Polizeimethoden und des Justizterrors der Chambre ardente deutlich, der auch Unschuldige und Verdächtige nicht verschont. Hier ist ansatzweise eine Entwicklung vorgezeichnet, welche die Bemühungen von Polizei und Gerichtshof um Aufklärung der nicht minder unheimlichen Raubmordserie nehmen, die im Mittelpunkt der Kriminalerzählung stehen.

Doch verfährt der Autor in diesem Kontext, was den narrativen Duktus betrifft, grundlegend anders. Er schildert das Geschehen nicht in chronologischer Abfolge, sondern wartet vielmehr mit etlichen zeitlichen Rückblenden und Einschüben auf, welche die stückweise Offenbarung der tatsächlichen Vorgänge mit Überraschungsmomenten und neuen Fragen befrachten. Das Spektrum der Erkenntnis weitet sich zwar; doch liefert die Darstellung – eben wie in einer Kriminal- oder Detektivgeschichte – erst gegen Ende der Erzählung völligen Aufschluss über die wahren Hintergründe und Zusammenhänge, vor allem aber darüber, welchen Ausweg der Autor für die aussichtslos erscheinende Situation seines Protagonisten Olivier findet.

„Die Geschichte des Prozesses der Marquise von Brinvilliers" hat bereits Schiller für wert befunden, in die von ihm herausgegebene Pitaval-Sammlung „Merkwürdige Rechtsfälle als ein Beitrag zur Geschichte der Menschheit" aufgenommen zu werden, die er 1792 veröffentlicht hat.[24] Dass Hoffmann sie – gleichsam in Kurzfassung – in seine Darstellung eingeschoben hat, hat offenbar nicht zuletzt seinen Grund darin ge-

---

23 *Klemperer*, Voltaire und seine Romane, in: *Voltaire*, Sämtliche Romane und Erzählungen, 1. Bd. Leipzig 1959, S. VII ff. (IX).

24 *Schiller*, Merkwürdige Rechtsfälle. Hrsg. von Ursula Wentzlaff. München o.J., S. 91–126. Vgl. *Peter-André Alt*, Schiller. Leben – Werk – Zeit, 1. Bd., 2. Aufl. München 2004, S. 479 f. Die ursprüngliche Sammlung des französischen Advokaten Pitaval hat im Laufe der Zeit eine ganze Reihe weiterer Ausgaben nach sich gezogen. Vgl. nur *Joachim Linder*, Deutsche Pitavalgeschichten in der Mitte des 19. Jahrhunderts, in: Jörg Schönert (Hrsg.), Erzählte Kriminalität. Zur Typologie und Funktion von narrativen Darstellungen in Strafrechtspflege, Publizistik und Literatur zwischen 1770 und 1920. Tübingen 1991, S. 313–348.

habt, die gesellschaftliche Szenerie zu illustrieren, zu veranschaulichen und zu erhellen, die das Paris in der Zeit um 1680, in der die Erzählung spielt, zu charakterisieren. Das gilt sowohl im Hinblick auf die öffentliche Sicherheit schlechthin, die Ängste und Befürchtungen des Publikums, Opfer von schweren Straftaten zu werden, als auch hinsichtlich der amtlichen Vorkehrungen von Polizei und Justiz gegen kriminelle Gefährdungen von Leib und Leben.

Hier sind praktisch schon alle Elemente versammelt, die das – im Wortsinne – schleichende Gift einer unheimlichen, bedrohlichen gesellschaftlichen Entwicklung kennzeichnen, für die die allmählich und unterschwellig sich ausbreitenden Giftmorde nur ein besonders herausragendes Symptom darstellen: menschlicher Erfindergeist, der in den Dienst mörderischer Absichten und Pläne gestellt wird und in die Herstellung und Weitergabe jenes geheimnisvollen Giftes mündet, dessen Verabreichung und Einnahme keinerlei Spuren hinterlässt; die Motive der Geldgier und hemmungslosen Sinnlichkeit, die immer weitere gesellschaftliche Kreise dazu veranlassen, das teuflisch erscheinende Pulver zur Ermordung von Angehörigen und Personen zu benutzen, die der Verwirklichung jener triebhaften Wünsche im Wege stehen; eine Polizei und Justiz, deren Methoden hinsichtlich ihrer rechtlichen und moralischen Qualität sich immer mehr den menschenverachtenden Handlungsweisen der Täter annähern – insgesamt also ein stetig sinkender „Kurswert“ von Menschenleben.[25] Wenn das Vertrauen, eine wesentliche Grundlage menschlichen Zusammenlebens im Familien- und Freundeskreis, aber auch im weiter reichenden sozialen Bereich, zunehmend zerstört wird, weil niemand mehr seines Lebens sicher sein kann, wenn ein tiefes Misstrauen selbst gegenüber dem Nächsten Platz greift, dann steht in der Tat der Zusammenhalt einer Gesellschaft auf dem Spiel.

Gemessen an manchen kriminellen Phänomenen des 20. und 21. Jahrhunderts, die gleichfalls – gerade auf der Makroebene – aus der Mitte der Gesellschaft stammen und keineswegs nur an deren ausgefransten Rändern festgemacht werden können, erscheint das bedrohliche Szenario, das Hoffmann da entwirft, nicht weiter erstaunlich. Eher schon mag eine laienhaft-moralisierende Betrachtung daran Anstoß nehmen, dass sich seit dem ausklingenden 17. Jahrhundert bis heute in dieser Hinsicht so wenig grundlegend geändert hat.[26] Vielleicht haben aber die Faktoren der Beschleunigung und Verstärkung – sowohl was die Begehung der Taten als auch deren öffentliches Bekanntwerden bis hin zu ihrem Aufforderungscharakter (der sich jedoch mitnichten bis zur Nachahmung steigern muss) – in globalisierten Mediengesellschaften zugenommen.

25 Vgl. etwa *Ballester* (Fn. 2), S. 80 ff.

26 Vgl. z.B. *Karl-Ludwig Kunz*, Kriminologie. Eine Grundlegung, 4. Aufl. Bern 2004, § 26.

2. Motivlose Verbrechen?

Im Kontext des gedrängten Berichts über das wahrhaft mörderische Leben der Marquise von Brinvillier und ihrer Komplizen tritt auch jenes kriminalpsychologische Problem in Erscheinung, ob und inwieweit Verbrechen völlig motivlos begangen werden können. Das Thema steht ja vor allem seit der Aufklärung bis heute auf der Agenda kriminalistischer und kriminologischer Beschäftigung mit Kriminalität und ihren Ursachen. Bedeutende Schriftsteller des 18. und beginnenden 19. Jahrhunderts haben die Annahme in Zweifel gezogen oder gar strikt abgelehnt, dass Menschen lediglich um böser Lust willen Verbrechen begehen könnten, ohne damit einen weiteren Zweck zu verfolgen. Offenbar ist dafür die Vorstellung von maßgeblicher Bedeutung gewesen, der zur Höherentwicklung – und dank der Aufklärung auch auf diesem Weg befindliche – Mensch sei nur auf Grund einer Notlage oder der Überwältigung durch niedrige Motive in der Lage, Straftaten zu begehen.

Jan Philipp Reemtsma etwa weist darauf hin, dass Lessing „die Idee eines schlechten Menschen, der aus Grundsätzen heraus böse handelt", zurückgewiesen habe. „Das Böse um des Bösen wegen tue niemand, und so dürften auch nicht vollkommene Schurken auf der Bühne zu sehen sein."[27] An Corneilles Theaterstücken hat Lessing deshalb kritisiert, dass seine Bösewichter nicht erkennen ließen, weshalb sie überhaupt Böses täten; „der größte Bösewicht weiß sich vor sich selbst zu entschuldigen, sucht sich selbst zu überreden, daß das Laster, welches er begeht, kein so großes Laster sei, oder daß ihn die unvermeidliche Notwendigkeit es zu begehen zwinge".[28] Das erinnert in etwa an Topoi, wie sie der Theorie der Neutralisierungstechniken zugrunde liegen, die ja dann sehr viel später von Sykes und Matza im 20. Jahrhundert formuliert werden sollte.[29]

Lessings Feststellung, es sei „wider alle Natur", „daß sich der Bösewicht des Lasters als des Lasters rühmt", begegnet Schillers Sichtweise, der – einmal mehr unter dem Vorzeichen der Aufklärung – die Vorstellung zurückweist, ein Mensch könne das Böse nur um des Bösen willen dem Guten vorziehen.[30] Das stellt sich denn beim Kriminalisten und vor allem Literaten Hoffmann doch ein wenig anders dar, wenn er im Zusammenhang mit dem Kriminalfall Brinvillier konstatiert: „Ohne weiteren Zweck, aus reiner Lust daran, wie der Chemiker Experimente macht zu seinem Vergnügen, haben oft Giftmörder Personen gemordet, deren Leben oder Tod ihnen völlig gleich sein konnte." Daran erinnert die Figur des Immoralisten Lafcadio in André Gides Roman

27 *Reemtsma*, Lessing in Hamburg 1766–1770. München 2007, S. 56.

28 Zit. nach *Reemtsma* (Fn. 27), S. 57.

29 *Gresham M. Sykes / David Matza*, Techniken der Neutralisierung. Eine Theorie der Delinquenz (1957), in: Fritz Sack / René König (Hrsg.), Kriminalsoziologie. Frankfurt a.M. 1968, S. 360–369.

30 Zit. nach *Müller-Dietz*, Kriminalitäts-, Sozial- und Strafrechtsgeschichte in Schillers Erzählung „Verbrecher aus Infamie", in: Schiller, Verbrecher aus Infamie (1786). Berlin 2006, S. 25 ff. (68).

„Die Verliese des Vatikan“ (1914), der, innerlich völlig unbeteiligt, dadurch ein Verbrechen begeht, dass er die Gelegenheit benutzt, einen Mitreisenden ohne jeden Grund aus dem fahrenden Zug zu stoßen.[31] Wozu der Schriftsteller und Freigeist Baraglioul – frei von jeglichen moralischen Erwägungen – gleichsam die Rechtfertigung liefert: „Es gibt keinen Grund, den für einen Verbrecher zu nehmen, der ein Verbrechen ohne jeden Grund begangen hat.“[32]

Die Suche nach einem mehr oder minder nachvollziehbaren Tatmotiv wurzelt nicht nur im Bestreben des Kriminalisten, Verbrechen erklären, Täter überführen zu können. Sie hat natürlich auch Bedeutung für die kriminalätiologische Analyse von Straftaten. Und sie findet gegenwärtig als Problemkomplex zunehmende Beachtung namentlich im Hinblick auf Serientäter, die gleichartige Delikte – womöglich noch in ähnlicher Weise – begehen.[33] Diese kriminalpsychologische Fragestellung ist also bis heute auf der Tagesordnung geblieben. Auf sie stößt man immer wieder, namentlich bei Kapitaldelikten, die keinerlei Tatmotive und Sinnbezüge erkennen lassen. Zur Diskussion stehen Taten, die schon deshalb aus dem Rahmen des Verstehens und Verständlichen herausfallen, weil die Täter sie „aus reiner Lust“ am Verbrechen heraus begangen haben – oder wenigstens begangen zu haben scheinen. Solche Konstellationen hat man nicht nur (psycho-)analytisch – unter fachlicher Perspektive – zu erklären versucht,[34] sondern auch filmisch in Szene gesetzt.[35] Die Motivlosigkeit solcher Taten wird in einer Rezension einschlägiger filmischer Adaptionen an der Charakterisierung der Tätermentalität mit den Worten verdeutlicht: „Wir morden, weil wir morden wollen“.[36] Dass Straftaten nur um ihrer selbst willen, aus bloßer Lust am Verbrechen begangen werden, ist ein Verhalten, das – weil es sich dem allgemeinen Verstehen entzieht – deshalb auch leicht jenen Sprachgebrauch provoziert, der solche Täter als „Teufel in Menschengestalt“ oder gar als „Monster“ charakterisiert – womit man sich alsbald im Werk Hoffmanns wieder findet.

---

31 *Hermann Mannheim*, Vergleichende Kriminologie, Bd. 1. Stuttgart 1974, S. 355 f.

32 Zit. nach *Claude Martin*, André Gide, Reinbek 1963, S. 101.

33 Vgl. z.B. *Frank Neubacher*, Serienmörder – Überblick über den wissenschaftlichen Erkenntnisstand, Kriminalistik 57 (2003), S. 43–48; *Thomas Müller*, Bestie Mensch. Tarnung, Lüge, Strategie. Reinbek 2004.

34 Dazu etwa *Peter Imbusch*, Enthumanisierung als Entlastung – Gesellschaftliche Diskurse über Täter und ihre Verbrechen, Journal f. Konflikt- und Gewaltforschung 7 (2005), S. 99–122; zu mörderischen Motiven *Michael Schetsche / Maren Hoffmeister*, Mörderische Motive. Kriminalpsychologische Sinnsuche und die soziologischen Grenzen des Verstehens, Kriminolog. Journal 37 (2005), S. 268–284.

35 *Lars-Olav Beier*, Was vom Töten übrig blieb, in: Der Spiegel Nr. 9/2008, S. 156 f.

36 *Thomas Assheuer*, Wir morden, weil wir morden wollen, in: Die Zeit Nr. 22 vom 21.5.2008, S. 46; *Jürgen Frey*, Wie darf ich Sie töten? In: Badische Zeitung Nr. 123 vom 29.5.2008, S. 13.

3. Zum Kriminalfall Cardillac

Der Kriminalfall Brinvillier und seine Folgen erlangen auch insofern paradigmatischen Charakter für die „eigentliche“ Geschichte, die der Dichter im „Fräulein von Scuderi“ erzählt, als sie die gesellschaftlichen Erwartungen an den Staat in Gestalt von Polizei und Kriminaljustiz zum Ausdruck bringt. Sie zielen einerseits auf Gewährleistung persönlicher Sicherheit, also auf hinreichenden Schutz vor Straftaten, andererseits auf Verwirklichung von „Strafgerechtigkeit“ im Sinne einer angemessenen – oder präziser formuliert: einer dem Zeitgeist entsprechenden – Ahndung von Verbrechen. Beide Erwartungen des Publikums – des „gemeinen Volkes“ wie staatstragender Kreise, etwa des Adels – werden nicht oder nur um einen hohen, im Grunde zu hohen Preis erfüllt. Der „Giftmordepidemie“, die sich im Anschluss an das unheilvolle Wirken der Brinvillier in Paris ausgebreitet hat, werden die zur Aufklärung und Aburteilung berufenen staatlichen Institutionen nur auf Grund grausamer, Gesetz und Recht missachtender Ermittlungsmethoden und terroristischer Ausübung der Strafgewalt – nicht zuletzt auf Kosten Unschuldiger – allmählich Herr.

Im Falle der Raubmorde versagen selbst die zu Lasten Unschuldiger und Verdächtiger gehende Perfektionierung polizeilicher Untersuchungsmethoden sowie die gerichtliche Aufklärungs- und Verurteilungspraxis. Bezeichnend dafür ist etwa der – dann an der ablehnenden Haltung des Königs gescheiterte – Vorschlag, zur Aufklärung und Bestrafung der unheimlich erscheinenden Taten einen mit noch weitergehenden Vollmachten ausgestatteten Gerichtshof einzusetzen. Dass es einem mit brutalen Methoden operierenden Unterdrückungsapparat – der seine Möglichkeiten bis hin zu der damals freilich legalen Folter[37] bis zum Äußersten ausreizt – nicht gelingt, den oder die Täter ausfindig zu machen, spricht für sich selbst und stellt dem staatlichen Vorgehen ein Armutszeugnis in jeder Hinsicht aus.

Es bedarf schon der mit Scharfsinn und geradezu detektivischem Spürsinn – aber gleichermaßen mit moralischen Tugenden, namentlich mit Gerechtigkeitssinn – begabten Schriftstellerin, eben des von dunklen Ahnungen erfüllten Fräuleins von Scuderi, um einer Aufhellung des tatsächlichen Geschehens näher zu kommen. Was Hoffmann an diesen Vorgängen geradezu beispielhaft zeigt, ist zweierlei: die Untauglichkeit eines

---

37 Die allgemein, keineswegs nur in Hexenprozessen zur Erzwingung von „Geständnissen“ praktizierte Folter hatte bis weit ins 18. Jahrhundert hinein Bestand (vgl. *Friedrich Merzbacher*, Folter, in: Ch. Hinckeldey [Hrsg.], Strafjustiz in alter Zeit. Rothenburg ob der Tauber 1980, S. 181–188 [186 f.]; *Mathias Schmoeckel*, Die Abschaffung der Folter in Europa und die Entwicklung des gemeinen Strafprozeß- und Beweisrechts seit dem hohen Mittelalter. Köln 2000), obgleich sich der Jesuitenpater Friedrich Spee von Langenfeld (genannt Friedrich von Spee) bereits 1631 in seiner Kampfschrift „Cautio Criminalis oder Rechtliches Bedenken wegen der Hexenprozesse“ entschieden gegen die unmenschliche (und zur Wahrheitsfindung untaugliche) Tortur gewandt hatte (*Friedrich von Spee*, Cautio Criminalis. Hrsg. von Joachim-Friedrich Ritter [1939], 4. Aufl. München 1986, Anhang: Was Folter und Denunziationen vermögen, S. 290 ff.).

selbst gegen das rigide zeitgenössische Recht verstoßenden, mit allen Wassern gewaschenen Repressionsapparates zur Wahrheitsfindung und die Erfolgschancen eines behutsamen und maßvollen, von Vernunft und Menschlichkeit getragenen Vorgehens, das sich der Möglichkeit außergewöhnlicher, sich gegen alle Wahrscheinlichkeit richtender Abläufe nicht verschließt.

Mit wenigen Strichen weiß Hoffmann in seiner Schilderung des Prozesses polizeilicher und gerichtlicher „Aufklärung" der Raubmorde auch die schwankenden Stimmungslagen des Volkes (von Paris) einzufangen. Selbst durch Gerüchte, Mutmaßungen oder Spekulationen leicht beeinflussbar, ist auf solche Einstellungen und Haltungen auf die Dauer wenig Verlass. Das beschreibt der Dichter beispielhaft am Verhalten des – freilich wiederholt als „Pöbel" charakterisierten – Publikums gegenüber Olivier. Verkehrt es sich doch binnen relativ kurzer Zeit buchstäblich in sein Gegenteil.

Der äußere Anschein, der bloße Verdacht, der sich gegen den unglücklichen jungen Mann richtet, reicht aus, um bei seiner Festnahme durch Desgrais nach dem Tod Cardillacs die „greulichsten Verwünschungen des Pöbels" auszulösen. Doch kaum hatte sich Graf Miossens Aussage vor der Chambre herumgesprochen, dass er es gewesen sei, der Cardillac in Notwehr getötet habe, wandelte sich das Bild der öffentlichen Meinung grundlegend. Hoffmann gibt der Kehrtwende mit einer bezeichnenden Charakterisierung dieser Mentalität Ausdruck: „Wie es zu geschehen pflegt, daß das Volk leicht getrieben wird von einem Extrem zum andern, so wurde derselbe, den man erst als den verruchtesten Mörder verfluchte und den man zu zerreißen drohte, noch ehe er die Blutbühne bestiegen, als unschuldiges Opfer einer barbarischen Justiz beklagt." Das ging dann so weit, dass „ganze Züge des Volks" sich vor la Regnies Palast einfanden und unter körperlicher Bedrohung des Präsidenten die Herausgabe Oliviers forderten. Hier beschreibt Hoffmann in nuce jene Erscheinungsform der öffentlichen Meinung, der ein Publikum huldigt, das ohne größeres Nachdenken und weitergehende Reflexionen – sowie nicht selten präziser Informationen bar – keine Schwierigkeiten hat, buchstäblich über Nacht völlig andere Positionen zu beziehen.[38]

4. Polizei und Justiz, die Chambre ardente

Wie Polizei und Justiz der skizzierten Couleur verfahren, wie für sie die Sprache der Gewalt eine den „bekämpften" Verbrechen vergleichbare Gestalt und Qualität angenommen hat, lässt sich nicht zuletzt an der Charakterisierung der Protagonisten able-

---

38 Von einer öffentlichen Meinung im heutigen Verständnis konnte in jener Zeit freilich nicht die Rede sein. Vgl. nur *Friedrich Lenz*, Werden und Wesen der öffentlichen Meinung. Ein Beitrag zur politischen Soziologie. München 1956; *Jürgen Habermas*, Strukturwandel der Öffentlichkeit. Untersuchungen zu einer Kategorie der bürgerlichen Gesellschaft, 10. Aufl. Frankfurt a.M. 2006; *Hartmut von Hentig*, Öffentliche Meinung / öffentliche Erregung / öffentliche Neugier. Pädagogische Überlegungen zu einer politischen Fiktion. Göttingen 1969.

sen. Während der als „Polizeiminister" bezeichnete Chef der Pariser Polizei, der Marquis d'Argenson, eher im Hintergrund agiert und am Rande auftaucht, treten die unmittelbar mit der Aufklärung der Morde betrauten und befassten Figuren um so prägnanter ins Blickfeld. Der Polizeileutnant Desgrais wird als ehrgeizig, brutal und verschlagen gekennzeichnet. Ähnliche Eigenschaften werden dem Präsidenten der Chambre ardente, la Regnie, attestiert. Er figuriert nicht nur als ein maßlos ehrgeiziger, sondern zugleich als ein gefühlskalter, heimtückischer und bösartiger Justizfunktionär, der den „Erfolg" seiner Bestrebungen über Gesetz und Recht stellt, also bereit ist, buchstäblich über Leichen zu gehen. Folter und Hinrichtung sind gleichsam paradigmatisch für seine „Rechtspflege". Seine Befugnisse als Präsident nutzt er nicht nur exzessiv; er überschreitet sie selbst nach damaliger Rechtsauffassung. Bezeichnend dafür ist, dass auf dem Greveplatz, dem Ort öffentlicher Hinrichtungen, nicht nur das Blut überführter Giftmörder, sondern auch unschuldiger Bürger geflossen ist.[39]

Dem Präsidenten der Chambre werden „garstiges Ansehen und heimtückisches Wesen" bescheinigt. Wie la Regnie durch Opfer seiner Strafverfolgung eingeschätzt und erlebt wird, lässt das Wort der Herzogin von Bouillon erkennen, die „von ihm im Verhöre gefragt, ob sie den Teufel gesehen? erwiderte: ‚Mich dünkt, ich sehe ihn in diesem Augenblick!'" Dem entsprechen auch die Erfahrungen, die das Fräulein von Scuderi im Gespräch mit la Regnie machen muss, als es für Olivier, von seiner Unschuld überzeugt, eintritt: „Es war ihr, als könne vor diesem schrecklichen Manne keine Treue, keine Tugend bestehen, als spähe er in den tiefsten, geheimsten Gedanken Mord und Blutschuld."

Dass der König die Chambre ardente als Gerichtshof eingesetzt hat, der speziell zur Aufklärung und Aburteilung der Giftmorde – und dann später auch der Raubmorde – berufen ist, entsprach den Gepflogenheiten der Zeit. Das lag denn auch in den Machtbefugnissen, die ein absolutistischer Herrscher für sich in Anspruch nahm und nehmen konnte. Zur Begründung einer solchen außerordentlichen Zuständigkeit bedurfte es nach damaliger Rechtsauffassung auch keines Gesetzes; es genügte ein entsprechendes Machtwort des Monarchen.

In heutiger Sicht stellt sich die Chambre freilich als ein Ausnahmegericht dar, das dem verfassungsrechtlichen Verbot und Verdikt des Art. 101 Abs. 1 des Grundgesetzes unterliegt.[40] Rechtsstaatliche Grundsätze gebieten es, dass der Spruchkörper, dem die Zuständigkeit für die Entscheidung bestimmter Rechtsangelegenheiten übertragen wird, von vornherein durch Gesetz (und den Geschäftsverteilungsplan) festgelegt sein muss.

---

39 Zum „Schauspiel" der öffentlichen Hinrichtung *Richard van Dülmen*, Theater des Schreckens. Gerichtspraxis und Strafrituale in der frühen Neuzeit. München 1985, S. 102 ff.; *Jürgen Martschukat*, Inszeniertes Töten. Eine Geschichte der Todesstrafe vom 17. bis zum 19. Jahrhundert. Köln 2000, S. 44 ff.

40 *Hesse* (Fn. 2), NJW 2008, S. 698 f., 701.

Dementsprechend darf ein Gericht nicht erst im Hinblick auf einen oder mehrere Fälle gebildet werden, die bereits begangene Straftaten zum Gegenstand haben. Die Chambre hingegen wurde ohne gesetzliche Grundlage geschaffen. Sie wurde auch mit der Aufklärung und Aburteilung bereits begangener Gift- und Raubmorde betraut.

In der Sekundärliteratur findet sich zwar gelegentlich die Charakterisierung der Chambre als Sondergericht.[41] Doch führt eine solche Bezeichnung – unabhängig von der Frage, ob sie fachsprachlicher Natur, also juristisch korrekt gemeint ist – in die Irre. Sondergerichte unterscheiden sich nach heutiger Rechtslage grundsätzlich von Ausnahmegerichten. Sie dürfen nach geltendem Verfassungsrecht für bestimmte Sachgebiete geschaffen werden (Art. 101 Abs. 2 des Grundgesetzes). Ihre Errichtung bedarf aber gesetzlicher Grundlage. Soweit sie zur Aufklärung und Aburteilung von Straftaten berufen sind, muss es sich um künftige Delikte handeln. An beiden Voraussetzungen hat es im Falle der Chambre gefehlt.

Ebenso wie dieser Gerichtshof in seiner Entstehung rechtsstaatlichen Grundsätzen zuwiderlief, widersprach ihnen auch sein Verfahren. Ja, die Chambre hielt um eines zweifelhaften „Erfolgs" willen noch nicht einmal die Anforderungen des geltenden zeitgenössischen Rechts ein. In diesem Sinne ist für ihre Praxis die Suspendierung elementarer Rechtsprinzipien – namentlich der Rechtssicherheit, Verhältnismäßigkeit und Gerechtigkeit – kennzeichnend. Dies gilt selbst dann, wenn man – wie bereits dargelegt – die Verfahrensweise des Gerichtshofs an den Maßstäben und Befugnissen des zeitgenössischen Rechts misst, das die Folter als legales Mittel der „Wahrheitsfindung" und als Kriminalsanktionen qualifizierte, d.h. durch Zufügung weiterer Qualen verschärfte Todesstrafen – bis hin zum Rädern – kannte.[42]

Symptomatisch für das Vorgehen der Chambre ist etwa die Feststellung: „Das Tribunal nahm ganz den Charakter der Inquisition an; der geringfügigste Verdacht reichte zur strengen Einkerkerung, und oft war es dem Zufall überlassen, die Unschuld des auf den Tod Angeklagten darzutun." Der Ehrgeiz dieser Richter, Verdächtige unter allen Umständen und mit allen Mitteln, welche die Tortur bereithielt, zum Reden zu bringen, also „Geständnisse" zu erzwingen, ja zu erpressen, hatte zwar im geltenden Recht eine gewisse Grundlage.[43] Indessen unterlag selbst die Anwendung der Folter – bis zu einem gewissen Grade (was im Kontext freilich ein anzüglicher, wenn nicht gar zynischer Sprachgebrauch ist) – dem Grundsatz der Verhältnismäßigkeit und war an be-

41 Vgl. z.B. *Mangold* (Fn. 2), S. 265.

42 Über die Vollstreckung des Räderns – von unten – ebenso anschaulich wie erschreckend *Reinhard Merkel*, Wer war Rüttgerodt? – Aus einigen bislang kaum inspizierten Geheimfächern der Literatur-, der Kriminologie- und der Strafrechtsgeschichte, und von ihren Verbindungen untereinander –, in: Festschrift für Klaus Lüderssen zum 70. Geburtstag. Baden-Baden 2002, S. 899 ff. (912 f.).

43 Über den Zusammenhang von Geständnis und Folter *Martschukat* (Fn. 39), S. 33 ff.

stimmte Indizien gebunden. Darüber setzte sich der Präsident der Chambre jedoch rigoros hinweg. Für ihn war der Weg vom bloßen, auch nur denkbar geringfügigen Verdacht bis zur Schuldfeststellung denkbar kurz. Das verweist auf eine „Psychologie" des Verdachts, welche die verschiedenen Stufen der Erkenntnisgewinnung fast mühelos überspringt, die bloße Möglichkeit rasch zur Wahrscheinlichkeit werden lässt und diese dann in Gewissheit verwandelt.[44] Daran erinnert in etwa das Wort, das Bertolt Brecht in seinen Szenen „Furcht und Elend des Dritten Reiches" einem SA-Mann in den Mund legt: „Wissen Sie, Verdacht, das ist schon grad so gut wie Gewißheit. Und dann setzt es auch schon was."[45] In solcher Sicht kommt der Gedanke, dass das – vielleicht durch Indizien nahe gelegte – Wahrscheinliche per se noch keinen zwingenden Schluss auf das tatsächliche Geschehen zulässt, gleich gar nicht auf.

Die Überzeugungskraft des Wahrscheinlichen – vor allem aber des nach Alltagserfahrungen Naheliegenden – täuscht oft genug über das reale Handeln von Personen und den wirklichen Ablauf des Geschehens hinweg. Sie gaukelt leicht etwas vor, das für bare Münze genommen wird – eben weil es den Erfahrungshorizont des Zeitgenossen widerspiegelt, der das Unwahrscheinliche entweder von vornherein noch nicht einmal als Möglichkeit wahrnimmt oder zumindest für eine Deutung des Geschehens als unbrauchbar befindet. Das ist ja auch das in der Erzählung dargestellte Problem einer Polizei und Justiz, die sich gerne mit Alltagserfahrungen und deren Schranken bescheidet mit der Folge, dass ungewöhnliche Abläufe hinsichtlich unerklärlich scheinender Vorgänge von vornherein überhaupt nicht ins Blickfeld treten. Es ist schon bemerkenswert, wie Hoffmann es versteht, die rationalen Erwägungen des juristisch geschulten und erfahrenen Richters mit den Inspirationen künstlerischer Phantasie des approbierten Schriftstellers in Einklang zu bringen.

5. Der Ausgang der (Kriminal-)Geschichte: zum Gnadenakt des Königs

Von Ludwig XIV. entwirft Hoffmann nicht nur das typische Bild eines absolutistischen Monarchen, das ihn in Wahrung höfischer Sitten und Ausübung der Herrschermacht zeigt. Es wirkt in Grenzen freundlicher, als man von der Figur eines allmächtigen Potentaten erwarten mag.[46] Deutlich wird hier die Gestalt eines patriarchalischen Monarchen, der – freilich innerhalb der Grenzen eines absolutistischen Regierungssystems –

44 Vgl. *Ballester* (Fn. 2), S. 89. Zum Verdacht und seinen Abstufungen *Lorenz Schulz*, Normiertes Misstrauen. Der Verdacht im Strafverfahren. Frankfurt a.M. 2001, S. 527 ff., 566 ff., 609 ff.

45 *Brecht*, Furcht und Elend des Dritten Reiches. 24 Szenen (Brecht, Stücke, Bd. VI). Berlin 1958, S. 244.

46 Kritisch freilich *Ballester* (Fn. 2), S. 94 f., die aus den Reaktionen Ludwigs XIV. während des eindrucksvollen Eintretens der Scuderi für Olivier auf „Doppelgesichtigkeit" des Monarchen schließt.

um die öffentliche Sicherheit bemüht ist und dem auch an gerechten – oder wenigstens den Gesetzen entsprechenden – Entscheidungen der Gerichte liegt. Ein gewisser Sinn für Gerechtigkeit und Menschlichkeit wird an seiner Zurückweisung des Vorschlags erkennbar, der ihm nach dem Scheitern der Bemühungen von Polizei und Justiz, die Raubmorde aufzuklären, unterbreitet wird. Ihm ist offenkundig im Hinblick auf das bisherige grausame und gesetzwidrige Wirken der Chambre der Gedanke zuwider, einen neuen Gerichtshof mit weitergehenden Vollmachten zu bestellen. Ganz abgesehen davon, dass dem König allein schon die „Greuel zahlreicher Hinrichtungen“ suspekt erscheinen.

Menschlichkeit wie Rechtlichkeit des Denkens und Handelns sind Ludwig XIV. – jedenfalls nach der Darstellung Hoffmanns – nicht gänzlich fremd. Das beweist er nicht nur mit seinem Gnadenakt, der zu einem glücklichen Ausgang aus einer ebenso schwer erträglichen wie unlösbar erscheinenden Situation führt, sondern bereits durch die Schritte, die er auf dem Weg zur Klärung des Geschehens unternimmt. Zwar ist er durchaus bereit, dem gerichtlichen Vorgehen der Chambre seinen Lauf zu lassen, solange die Indizien mehr oder minder eindeutig für die Schuld Oliviers an den Juwelenmorden sprechen. Doch verschließt er sich der inständigen Rede und zu Herzen gehenden Bitte des Fräuleins von Scuderi nicht, Madelon ungeachtet des nach wie vor auf Olivier – und in gewisser Weise auch auf ihr – lastenden schweren Verdachts anzuhören. Vor allem aber stellt er – jenseits des Wirkens der Chambre – eigene Recherchen zur Ermittlung der tatsächlichen Vorgänge an.

Dass die Art und Weise seiner Gnadenentscheidung auch Rücksicht auf die Auswirkungen nimmt, die sie für die Öffentlichkeit hat – oder doch haben könnte –, wird bereits an der Verpflichtung Oliviers sichtbar, Paris zu verlassen und seinen künftigen Wohnsitz außerhalb des Landes (in Genf) zu nehmen. Genau genommen handelt es sich in rechtlicher Hinsicht um einen Fall der Abolition, d.h. der Niederschlagung eines Strafverfahrens.[47] Er unterscheidet sich von einem Gnadenakt im eigentlichen Sinne dadurch, dass ein eingeleitetes Strafverfahren nicht mehr weitergeführt werden darf, während die Begnadigung zur Folge hat, dass eine bereits rechtskräftig erkannte Strafe – ganz oder teilweise – nicht mehr vollstreckt werden darf.

Selbst die historisch überkommene Form der Gnade, die der König übt, entspringt nach der Darstellung Hoffmanns keiner willkürlich handhabbaren, von sämtlichen – rechtlichen – Bindungen freien Befugnis.[48] Der Parlamentsadvokat d'Andilly weist ausdrück-

---

47 *Hesse* (Fn. 2), NJW 2008, S. 702.

48 Zur geschichtlichen Entwicklung der Gnade *Detlef Merten*, Rechtsstaatlichkeit und Gnade. Berlin 1978, S. 30 ff. Kritisch freilich zu überkommenen historischen Deutungsmustern, namentlich zur Annahme eines sakralen Ursprungs der Gnade *Dimitri Dimoulis*, Die Begnadigung in vergleichender Perspektive. Rechtsphilosophische, verfassungs- und strafrechtliche Probleme. Berlin 1996, S. 29 ff., 556 ff.

lich auf die Grenzen hin, die dem Herrscher auch auf diesem vermeintlich regellosen Feld gezogen sind. Als die Scuderi mit dem Gedanken spielt, den König in einem Zeitpunkt um Gnade zu bitten, in dem die Unschuld Oliviers an den Juwelenmorden alles andere als gerichtlich dargetan ist, warnt der Advokat das Fräulein mit Nachdruck vor einem solchen, überaus riskanten Schritt. Die Scuderi hätte in dieser Situation die Ablehnung eines gewiss nicht mehr wiederholbaren Gnadengesuchs – das ja den letzten Ausweg aus der fast schon hoffnungslos erscheinenden Situation Oliviers darstellt – zu gewärtigen: „Der König wird nimmer einen Verbrecher *der* Art begnadigen, der bitterste Vorwurf des gefährdeten Volks würde ihn treffen." Das verweist auf die Schranke, die der dem Staat obliegende Schutz der Allgemeinheit vor einem gefährlichen – oder gefährlich erscheinenden – Täter der Ausübung des Gnadenrechts zieht. Selbst der absolutistische Herrscher hat danach nicht die (Rechts-)Macht, sich durch solche Begnadigungen über gesellschaftliche Sicherheitsbedürfnisse hinwegzusetzen. Es sind demnach spezialpräventive Funktionen des Strafrechts, die sich insoweit begrenzend auf das Gnadenrecht auswirken.[49]

Dass der König seinen Gnadenakt mit der Auflage für Olivier verbindet, Paris zu verlassen und anderswo seinen künftigen Wohnsitz zu nehmen, lässt sich gleichfalls unschwer mit dem Verhalten, das der Geselle Cardillacs als Mitwisser der Raubmorde an den Tag gelegt hat, erklären. Es wäre – nach der Einsicht Ludwigs XIV. – dem Volk nicht zu vermitteln, dass in seiner Mitte ein solches Glied lebt, das es versäumt hat, die Polizei über die wahre Rolle Cardillacs aufzuklären, also weitere Morde im Wege einer Strafanzeige zu verhindern. Dies gilt ungeachtet des Dilemmas, in das Olivier durch die Beichte Cardillacs ihm gegenüber geraten ist. Es ist ja eine ganze Reihe von Umständen gewesen, die Olivier nach seiner subjektiven Einsicht daran gehindert haben, sich staatlichen Institutionen zu offenbaren: Das stärkste Gewicht hat für ihn fraglos das moralische Argument gehabt, dass er durch Mitteilung der Täterschaft Cardillacs das geradezu ideale Vaterbild seiner geliebten Madelon zerstört und sie dadurch ins Unglück gestürzt hätte. Auch wäre es sehr die Frage gewesen, ob die Polizei derart schweren Anschuldigungen, wie sie Olivier gegen Cardillac hätte vorbringen müssen, überhaupt Glauben geschenkt hätte. Hat doch in diesem Zeitpunkt der Goldschmied großes öffentliches Ansehen genossen und als Ehrenmann gegolten. Womöglich wäre eine solche Darstellung der Rolle Cardillacs angesichts der vorherrschenden Polizei- und Justizpraxis auf Olivier selbst zurückgefallen mit der Konsequenz, dass man ihn als vermeintlichen Raubmörder gerichtlich zur Rechenschaft gezogen hätte.

Man kann aus guten Gründen daran zweifeln, dass im Falle eines Fortgangs des gerichtlichen Verfahrens Olivier vor einer Verurteilung zum Tode und dann vor einer Hinrichtung bewahrt worden wäre. Die psychische Zwangslage, in die er durch das

---

49 Zur Berücksichtigung der Strafzwecke bei Gnadenentscheidungen *Dimoulis* (Fn. 48), S. 406 ff.

Geständnis Cardillacs geraten ist und die ihn davon abgehalten hat, sich der Polizei gegenüber zu offenbaren, hätte die Chambre schwerlich daran gehindert, ihn wegen seiner Mitwisserschaft zum Tode zu verurteilen. Der Gerichtshof hätte – jedenfalls nach dem zeitgenössischen Recht – keine Möglichkeit gehabt, solche Umstände wenigstens strafmildernd zu berücksichtigen. Und selbst wenn er dazu in der Lage gewesen wäre, hätte Olivier von der Chambre angesichts ihrer rigiden, zum Justizterror gewordenen Handhabung des Strafrechts zu allerletzt Milde welcher Art auch immer erwarten können. Insofern hat ihm der Gnadenakt des Königs in der Tat das Leben gerettet – und ihm darüber hinaus sogar eine glückliche Zukunft eröffnet.

III. Zum Verhältnis von Poesie und Recht in der Erzählung

1. Künstlergestalten und Künstlertum

Schon in der bisherigen Analyse wurde deutlich, dass die Erzählung in wesentlichem Maße von der Charakterisierung der Personen und der Gegensätze lebt, die vor allem die Protagonisten verkörpern. Dies schließt natürlich Differenzierungen in zweierlei Hinsicht keineswegs aus: Zum einen treten weitgehend angepasste Gestalten wie die Marquise von Maintenon in Erscheinung, die wegen ihrer Stellung am Hofe und der starken Bindung an den König alles zu vermeiden suchen, was ihn selbst und die Harmonie höfischen Zusammenlebens stören könnte.[50] Zum anderen erleben selbst so starke, mit Mut und Risikobereitschaft ausgestattete Persönlichkeiten wie die Titelfigur Entwicklungsprozesse, durchlaufen Phasen des Zweifels, ja fast der Verzweiflung, weil sie kein Licht am Ende des finsteren Tunnels sehen, in den der Schützling Olivier nicht ohne eigenes Zutun geraten ist.

Doch verkörpert das Fräulein von Scuderi die zentrale Gestalt der Erzählung, um die sich nicht nur die einzelnen Ereignisse und der Ablauf der Handlung im Ganzen ranken, sondern an der auch die an Personen gebundenen Gegensätze und Auseinandersetzungen deutlich werden. Die Scuderi erscheint in rechtlicher wie künstlerischer Hinsicht als das wahrhaft menschliche und moralischen Grundsätzen verpflichtete Gegenbild zu entweder heimtückischen oder doppelgesichtigen Figuren der Novelle. Das gilt, was die justizielle Sphäre der Aufklärung der Raubmorde betrifft, im Verhältnis zum skrupellosen, ausschließlich am „Erfolg" orientierten Handeln la Regnies.

Es erschöpft sich freilich nicht in humanen, die Menschenwürde achtenden Recherchen, die der Ermittlung des tatsächlichen Geschehens, der Wahrheit, gelten. Vielmehr ist das zunächst tastende, von „dunklen" oder „inneren" Ahnungen getragene Vorgehen

---

50 Vorbild für die Figur ist offensichtlich Francoise d'Aubigné, Marquise de Maintenon (1635–1719). Sie war seit 1652 mit dem Dichter Paul Scarron (1610–1660) verheiratet, der durch den burlesken „Roman comique" (1651–1657) bekannt wurde. Nach dem Tode Scarrons wurde sie die Geliebte Ludwigs XIV. und dann später, nach dem Tod der Königin (1683), seine zweite Gemahlin (1684).

auch Ausdruck einer reicheren, differenzierteren Weltsicht, die den auf alltagspsychologische Erfahrungen fixierten und eingeengten Horizont eines la Regnie übersteigt. Freilich kann auch die Scuderi ihren Scharfsinn und Erfindungsgeist erst im Rahmen eines Lern- und Entwicklungsprozesses zur Geltung bringen, als Olivier Gelegenheit erhält, sie über ihre Rolle als „Ersatzmutter" ihm gegenüber aufzuklären und ihr das wahre Geschehen zu offenbaren. Und selbst dann stößt die Schriftstellerin – und zwar nicht nur mangels juristischer Kenntnisse – an die Schranken ihrer Möglichkeiten, weshalb sie ja den Rat des Parlamentsadvokaten d'Andilly sucht. Dass selbst dieser versierte Jurist auf der Grundlage des geltenden Rechts keine hinreichende Möglichkeit sieht, Olivier vor Folter und Hinrichtung zu bewahren, und deshalb sein Vertrauen in mehr oder minder weise Entscheidungen des „aufgeklärten" Monarchen setzen muss, verweist zugleich auf die Grenzen, vor denen eine phantasiebegabte, für alles Menschliche aufgeschlossene Dichterin letztlich steht.

Die Scuderi verkörpert aber nicht minder im Verhältnis zu Cardillac das ganz Andere, gleichsam den Gegentyp zu seinem Künstlertum.[51] Der Goldschmied zeigt ein Doppelgesicht. Der Zwiespalt, der seine Persönlichkeit kennzeichnet, tritt schon im Gegensatz von eher abstoßender, wenig ansprechender äußerer Gestalt und exzellenter künstlerischer Begabung in Erscheinung. Aber auch sein öffentliches Ansehen als Ehrenmann und herausragender Künstler auf der einen Seite und sein insgeheim verbrecherisches Nachtleben, das in Raubmorden kulminiert, bilden einen Kontrast, der seinesgleichen sucht. Sein und Schein fallen bei ihm, was den Eindruck des Publikums von seiner Tugendhaftigkeit und seiner Lebensführung anlangt, gänzlich auseinander. Führt er doch das Doppelleben eines einzigartig begabten Künstlers, der Schmuckstücke von seltener Vollkommenheit anzufertigen weiß, und eines Verbrechers, der sich mit Gewalt, ja durch Ermordung seiner Opfer der von ihm selbst geschaffenen Werke wieder bemächtigt, besessen von der Idee, sie wieder in seinen Besitz bringen zu müssen.

Dieselbe Besessenheit, die er bei seiner Arbeit an seinen künstlerisch gestalteten Schmuckstücken an den Tag legt, erfüllt ihn, ja treibt ihn nachts dazu an, die adligen Auftraggeber und Galane, die diese Kostbarkeiten ihren Geliebten als Zeichen ihrer Zuneigung verehren wollten, notfalls um den Preis ihres Lebens zu berauben. Hier gehen Kunst- und Kriminalgeschichte wie nur bei einem Benvenuto Cellini (1500–1571) eine Symbiose ein, ineinander über. Ist er doch gleichfalls als bedeutender Goldschmied, aber auch als Bildhauer künstlerisch in einer exzellente Begabung verratenden Weise tätig geworden – um dann, wenn auch aus ganz anderen Gründen als Cardillac, mehr oder minder schwere Verbrechen zu begehen.[52]

51 Über dieses Gegensatzpaar namentlich *Schneider* (Fn. 2) und *Schmidt* (Fn. 2).

52 *Müller-Dietz*, Zur Ästhetik des Bösen. Kunst und Verbrechen, in: Festschrift für Heike Jung. Zum 65. Geburtstag am 23. April 2007. Baden-Baden 2007, S. 641–654 (646).

Was bei Hoffmanns Künstlerfigur auffällt, ja gänzlich aus dem Rahmen des Gewohnten, Gewöhnlichen herausfällt, ist die besondere Motivstruktur seiner Raubmorde. Die Straftäter, die im Gefolge des Kriminalfalles Brinvillier Gift zur Auslöschung von Menschenleben benutzt haben, haben diese Verbrechen zumeist aus Besitzgier oder aus sinnlicher Begierde begangen. Wenngleich Hoffmann – wie dargelegt – keineswegs die Begehung von Morden aus purer Lust am Verbrechen ausgeschlossen hat. Entweder haben die Giftmörder sich auf diese Weise Vermögenswerte verschafft, die ihnen nicht gehörten oder zustanden, oder sie haben ihre Opfer umgebracht, weil diese ihnen auf dem Weg zur Verwirklichung eines neuen Liebesglücks im Weg gestanden haben.

Im Falle Cardillac spielen indes solche Motive keine Rolle. Der von seiner Kunst besessene Goldschmied begeht seine Straftaten lediglich, um sich wieder des Besitzes der von ihm angefertigten Kostbarkeiten erfreuen zu können; er verbindet damit keinerlei ökonomische Absichten. Überhaupt spielt der Gedanke der Gewinnerzielung für ihn keine Rolle. Bezeichnenderweise lehnt er wiederholt ehrenvolle Aufträge für Persönlichkeiten von öffentlichem Ansehen ab, obgleich ihm hohe Summen angeboten werden. Ihm steht dabei wohl jeweils vor Augen, welche Folgen die Ausführung der Arbeit für die Auftraggeber hätte. Auch im Falle der Marquise von Maintenon weigert er sich aus diesem geheimen Grunde, einen Auftrag zur Anfertigung eines kunstverzierten Rings zu übernehmen. Erst sehr viel später, nach Aufklärung seiner verhängnisvollen Rolle als Raubmörder, tritt das Motiv seiner wiederholten Ablehnung zutage.

Was Cardillac letztlich zur Begehung seiner Taten getrieben hat, sucht er im Rahmen seiner ausführlichen Beichte Olivier zu erklären, nachdem dieser ihn zufällig als den geheimnisvollen unbekannten Täter identifiziert hat. Es ist einmal mehr eine jener geheimnisumwobenen Geschichten, wie sie für Hoffmanns literarisches Werk geradezu charakteristisch sind. Das Geschehen reicht weit zurück bis in die Zeit vor der Geburt Cardillacs. Als seine Mutter mit ihm im ersten Monat schwanger geht, begegnet sie auf einem Hoffest wieder einem Kavalier, der ihr vor ihrer Verheiratung schon einmal – wenngleich auf Grund ihrer entschiedenen Ablehnung vergeblich – nachgestellt hat. Doch diesmal weist sie ihn nicht zurück. Vielmehr ausschließlich fasziniert durch seine blitzende Juwelenkette verfällt sie ihm, der dem nahe liegenden Irrtum erliegt, die begehrte Dame sei in Liebe zu ihm entflammt. Als sie im intimen Zusammensein an einem einsamen Ort nach der Kette greift, stirbt der Liebhaber plötzlich in ihren Armen.

Zwar erholt sich Cardillacs Mutter nach schwerem Krankenlager von dem erlittenen Schock. Doch sieht sich der Goldschmied im Nachhinein als das Opfer des schrecklichen Geschehens:

„Mein böser Stern war aufgegangen und hatte den Funken hinabgeschossen, der in mir eine der seltsamsten und verderblichsten Leidenschaften entzündete." Cardillac kann sich von früher Kindheit an dem Sog, der Faszination nicht entziehen, die von glänzenden Diamanten und goldenem Geschmeide auf ihn ausgeht. Er stiehlt Gold und Juwelen, wo immer er solcher Kostbarkeiten habhaft werden kann. Grausame Züchtigungen durch den Vater können nur zeitweilig verhindern, dass Cardillac seine hemmungslose Sucht auf Kosten anderer auslebt. Er erlernt den Beruf eines Goldschmieds und erwirbt in diesem Metier eine einzigartige, von anderen unerreichte Meisterschaft. Seiner Lust am Schmuck, seiner Besitzgier vermag seine Tätigkeit jedoch keinen Eintrag zu tun. Sie richtet sich nunmehr auf die Schmuckstücke, die er selbst angefertigt hat. Alsbald findet er Möglichkeiten und Gelegenheiten, im Wege nächtlicher Raubüberfälle sich wieder in den Besitz der von ihm geschaffenen Kostbarkeiten zu setzen. Viele dieser Taten enden – wie sich dann zeigen sollte – für die Beraubten letal.

Die Darstellung und Selbstcharakterisierung Cardillacs hat begreiflicherweise eine ganze Reihe von Deutungsversuchen auf den Plan gerufen. Der Reigen der Erklärungsmuster reicht von der Annahme einer Zwangsneurose, die Cardillac immer wieder dazu getrieben habe, sich „seiner" Schmuckstücke wieder zu bemächtigen, über eine erbliche, hereditäre Belastung bis hin zur Postulierung eines pränatalen Ödipuskonflikts, der durch die Traumatisierung im Mutterleib ausgelöst worden sei. In der Tat gibt die Schilderung des Goldschmieds verschiedenen (psycho-)analytischen Ansätzen dieser Provenienz Raum.[53]

Die Problematik, die sich mit der Genese jener geradezu zwanghaft begangenen Straftaten verbindet, hat unter solchen Vorzeichen natürlich auch zu einem Diskurs über die Frage geführt, ob und inwieweit Cardillac die von ihm begangenen Verbrechen auch zugerechnet werden können.[54] Sie weist freilich einen doppelten Aspekt auf. Zunächst einmal stellt sich das Problem der Zurechnungsfähigkeit vor dem Hintergrund der damaligen Delinquenzforschung ungleich anders dar als nach heutigem psychiatrisch-psychologischem Wissensstand, der ja gerade die skizzierten Deutungsansätze kreiert hat. Die unterschiedliche Beurteilung und Bewertung im Zeitablauf lässt nicht zuletzt das eingehende Gutachten erkennen, das der Kriminalrichter Hoffmann in einem anderen Kriminalfall, nämlich dem gleichfalls mehrfach erörterten Fall Schmolling, auf der Grundlage zeitgenössischer Erkenntnisse angefertigt hat.[55] Es versteht sich von selbst, dass das fortgeschrittene, differenziertere Recht ebenso wie die forensische Erkenntnis

53 Vgl. z.B. *Schmidt* (Fn. 2), S. 115 (Traumatisierung im Mutterleib), *Ballester* (Fn. 2), S. 98 (pränataler Ödipuskonflikt), *Hesse* (Fn. 2), NJW 2008, S. 704 (ödipale Situation, Zwangsneurose).

54 Vgl. etwa *Georg Reuchlein*, Das Problem der Zurechnungsfähigkeit bei E.T.A. Hoffmann und Georg Büchner. Zum Verhältnis von Literatur, Psychiatrie und Justiz im frühen 19. Jahrhundert. Frankfurt a.M. 1985, S. 21 f., 24 ff.; *Hesse* (Fn. 2), NJW 2008, S. 703.

55 *Hoffmann*, Gutachten über die Mordtat des Tabaksspinnergesellen Daniel Schmolling, in: Ders., Juristische Arbeiten (Fn. 7), S. 83–120. Vgl. *Rüdiger Safranski*, E.T.A. Hoffmann. Das Leben eines skeptischen Phantasten. München 1984, S. 425 ff.; *Jutta Kolkenbrock-Netz*, Wahnsinn der Vernunft – juristische Institution – literarische Praxis. Das Gutachten zum Fall Schmolling und die Erzählung „Der Einsiedler Serapion" von E.T.A. Hoffmann, in: Dies. / Gerhard Plumpe / Hans Joachim Schrimpf (Hrsg.), Wege der Literaturwissenschaft. Bonn 1985, S. 122–144.

und Praxis von heute ein anderes Licht auf die Taten Cardillacs fallen lassen, als es zu Zeiten Hoffmanns erschienen ist.

Das fast schon absolute Gegenbild zur Künstlergestalt des Goldschmieds verkörpert das Fräulein von Scuderi. Als Hofdichterin Ludwigs XIV. genießt es nicht nur großes Ansehen beim König selbst sowie beim Adel, in der Umgebung des Monarchen, sondern auch im Volk. Die Scuderi steht mit ihren anmutigen, geistvoll-witzigen und galanten Versen und ihren gefälligen Romanen – mögen sie auch zuweilen von Bösewichtern handeln – in einer literarischen Tradition, in der belletristische Werke nicht zuletzt zur Unterhaltung und zum Genuss des Publikums beitragen. In diese höfische Szenerie passen denn auch die Verse, mit denen die Dichterin auf die Frage des Königs reagiert, wie denn der ganzen Problematik der bisher ungeklärten Raubmorde zu begegnen, vor allem aber auch was von den Liebhabern zu halten ist, die sich im Bestreben, mit ihren kostbaren Geschenken nachts ihre Geliebten aufzusuchen, durch die heimlich-unheimlichen Verbrechen an Leib und Leben gefährdet sehen: „Un amant qui craint des voleurs n'est point digne d'amour". (Ein Liebender, der die Diebe fürchtet, ist der Liebe nicht würdig.)

Zwar sieht sich der König durch „den ritterlichen Geist dieser wenigen Worte" gerade in seiner Auffassung bestärkt, den Verbrechen nicht mit unverhältnismäßigen, gar noch gesetzwidrigen Vorkehrungen von Polizei und Justiz entgegenzutreten: „Keine blinde Maßregel, die den Unschuldigen trifft mit dem Schuldigen, soll die Feigheit schützen; mögen Argenson und la Regnie das ihrige tun!" Doch sollte die Scuderi später zu ihrem Leidwesen erfahren, welche verhängnisvolle Rolle ihre so leicht und gefällig dahingesagten Verse im Kontext der Raubmorde spielen sollten, wie sie zum Missverständnis beitragen konnten, die Verbrechen in einem anderen, gar noch milderen Licht erscheinen zu lassen.

Schon daran wird in exemplarischer Weise deutlich, wie ambivalent das harmonisch wirkende, gefällige und höfischen Sitten entsprechende Künstlertum der Dichterin sich in einer Welt existenzieller Bedrohungen und Gefahren darstellt. Dass diese scherzhaften Verse den eigentlichen Ernst der Lage verfehlen, begreift die Scuderi erst im weiteren, überaus dramatischen Ablauf der Ereignisse. Erst der dadurch ausgelöste Erkenntnisprozess bringt ihr die moralische Verantwortung, in die sie sich im Zuge dieses Geschehens gestellt sieht, voll und ganz zum Bewusstsein. Ihr Künstlertum weist nicht jene Genialität auf, die dasjenige Cardillacs auszeichnet. Es reicht nach literarischer Qualität und nach dem Selbstverständnis der Schriftstellerin nicht bis in die Tiefen, wie sie Persönlichkeit und Wirken des Goldschmieds erkennen lassen. Ebenso wie ihr seine fast schon fundamentalistisch erscheinenden Züge abgehen, sind ihr freilich auch die bis ins Mark der Persönlichkeit reichenden – kriminellen – Gefährdungen fremd.

Die Scuderi ist sich der Eigenart und Qualität ihres Schaffens zwischen einer Hochkultur und den sog. „Niederungen" einer oberflächlichen, ausschließlich der Unterhaltung dienenden Literatur durchaus bewusst. Anders als das absolute, restlos der Kunst verfallene sowie Mensch und Gesellschaft ausschließende Künstlertum Cardillacs sind der Schriftstellerin noch andere Aspekte – über ihre Kunst hinaus – im Zusammenleben der Menschen wichtig. Ihr erscheint es notwendig, auf die Menschen, ihre Nöte und Probleme einzugehen, sich ihnen zuzuwenden. Sie erweist sich gesellschaftlichen Fragen gegenüber als aufgeschlossen, als verantwortungsbewusst. Das zeigt sich vor allem in ihrem unablässigen Bemühen, Fehlentscheidungen der Justiz zu verhindern, ihren Schützling Olivier vor der Folter sowie einem grausamen, unmenschlichen Urteil zu bewahren.

Die Frage bleibt freilich, ob der Dichter – gerade in Konfrontation mit dem Erscheinungsbild Cardillacs als begnadetem Goldschmied – in ihr den Idealtyp eines zugleich hochbegabten, aber auch die gesellschaftliche Funktion der Kunst respektierenden Künstlers gesehen hat. Die Zweifel, die sich insoweit regen, scheinen im Fortgang der Handlung zwar gleichsam hinter der glanzvollen Rolle zurückzutreten, die das mit Scharfsinn, Mut und Erfindungsgeist begabte Fräulein bei seinen Recherchen zur Aufklärung des geheimnisvollen Kriminalfalles und zur Bewahrung Oliviers vor Folter und Hinrichtung spielt. Immerhin agiert die Scuderi in diesem Kontext wie eine ebenso erfahrene wie verständige Untersuchungsrichterin, was ihr schließlich das scherzhafte Attribut der „Parlamentsadvokatin" durch den König einträgt.

2. Juristischer und literarischer Text[56]

Man kann der Erzählung zwei grundlegend verschiedene Gedankenführungen und Erzählformen entnehmen, die jeweils maßgeblich das Handeln der Personen und den Ablauf des Geschehens bestimmen. In diesem Sinne sind denn auch – unter dem Vorzeichen von „Poesie und Recht" – ein juristischer und ein literarischer Text einander gegenübergestellt worden. Der juristische Text ist gleichsam den mit der Aufklärung und Aburteilung betrauten Personen und Institutionen zugeordnet worden. Das gilt namentlich für la Regnie, den Präsidenten der Chambre ardente, diesen Gerichtshof, und Figuren wie Argenson und Desgrais, die als Repräsentanten der Polizei der Justiz zuarbeiten. Der literarische Text manifestiert sich nach dieser Sicht vor allem in der Darstellung der Titelgestalt, des Fräuleins von Scuderi, und ihres Wirkens, das zwar gleichfalls, wenngleich aus gänzlich anderer Perspektive, der Aufklärung der Raubmorde dient, jedoch mit fortschreitender Erkenntnis der tatsächlichen Vorgänge das Ziel verfolgt, einen Justizmord zu verhindern. In gewisser Weise kann man in diesen Text die Schilderung der zweiten zentralen Künstlerfigur, des Goldschmieds Cardillac, einbeziehen. Dessen Zwiegestalt macht ja ebenso wie die moralischen Tugenden ver-

56 Zur Darstellung und Analyse *Mangold* (Fn. 2).

pflichtete, freilich einem Reifungsprozess unterliegende Gestalt der Scuderi den literarischen Part der Erzählung aus.

Es sind im Grunde zwei Aspekte, die dieser Gegenüberstellung von juristischem und literarischem Text entsprechend die Überlegenheit des letzteren nahe legen könnten. Zum einen schneiden Polizei und Justiz – wie gezeigt – im Hinblick auf ihre gesetzlichen Aufgaben, die Gesellschaft vor Verbrechen zu schützen und die Schuldigen einer gerechten Bestrafung zuzuführen, denkbar schlecht ab. Sie scheitern hinsichtlich der Raubmorde nicht nur mit ihren einschlägigen Bemühungen; vielmehr nähert sich die Tätigkeit von Polizei und Justiz, was die rechtliche und moralische Qualität ihrer Inquisitionsmethoden anlangt, immer mehr kriminellen Verhaltensweisen. Zum anderen vermag schon das Recht selbst keinen menschlich akzeptablen, humanen Ausweg aus dem Dilemma zu weisen, in das Olivier auf Grund seines Verschweigens der Täterschaft Cardillacs geraten ist. Der königliche Gnadenakt fußt zwar gleichfalls auf einer rechtlichen Befugnis des Monarchen, weist aber dank seiner Eigenart auf eine Sphäre hin, die diskutable Lösungen auf der Grundlage der Gesetze ausschließt. Hoffmann hat für die vertrackte, lebensbedrohliche Situation einen gleichsam „literarischen" Ausweg gefunden, der einem dem Gesetz entsprechenden an humaner, moralischer Qualität überlegen erscheint. Das nährt denn auch das Urteil von der Überlegenheit des Rechts durch die Poesie.

Freilich stellt die Lesart von der Existenz eines juristischen und eines literarischen Textes, die der Erzählung zugrunde gelegt werden, im Grunde nur ein gedankliches Konstrukt dar, das an gegensätzlichen Positionen und Verhaltensweisen der Juristen und der Schriftstellerin Scuderi festgemacht ist. Die Handlung selbst geht ja keineswegs völlig in der Entgegensetzung von Recht und Poesie auf. Das zeigt allein schon die Vorgehensweise la Regnies und des von ihm geleiteten Gerichtshofs, der mit seiner gesetzwidrigen Praxis, der Verfolgung Unschuldiger, elementaren Rechtsprinzipien von der Rechtssicherheit bis zur Gerechtigkeit zuwiderhandelt. Insofern werden ja auch – wie dargelegt – die Erwartungen, die das zeitgenössische Publikum in Recht und Staat setzt, enttäuscht. Der Aufspaltung der Erzählung in einen juristischen und einen literarischen Text kann insofern allenfalls eine heuristische Funktion zukommen. Sie dürfte jedenfalls den Eindruck der inneren Einheit und Geschlossenheit der Darstellung nicht tangieren.

IV. (Offene) Grundfragen der Erzählung

Der Ausgang der Geschichte mag im Blickwinkel einer humanen, freilich nicht gesetzlichen Gerechtigkeit befriedigen. Olivier bleibt eine weitere Strafverfolgung – mit dem ernstzunehmenden Risiko gefoltert zu werden – durch eine buchstäblich über Leichen gehende Justiz erspart. Er kann zusammen mit Madelon in Genf seinem privaten Glück leben. Die geraubten Schmuckstücke werden, soweit sich ihre Eigentümer melden, diesen zurückerstattet. Findet sich kein Berechtigter, wird die Kirche damit bedacht.

Die „Meistererzählung“ Hoffmanns hat zahlreiche Würdigungen aus literarhistorischer, aber auch aus rechtswissenschaftlicher Sicht erfahren.[57] Fast ist man versucht, sie zu jenen Texten des romantischen Zeitalters zu zählen, die ihrerseits hinter der Fülle mehr oder minder weitreichender und teilweise weitschweifiger Deutungen zu verschwinden drohen, ja geradezu „überinterpretiert“ erscheinen. Das Zusammentreffen, die Verschmelzung von Kriminalnovelle und künstlerischer Erzählung, die im Fortgang der Handlung ihrem Höhepunkt zustrebt – der nicht nur die Auflösung kriminalistischer „Rätsel“ bringt, sondern auch den Ausweg aus einer (für Olivier und die Scuderi) aussichtslos erscheinenden Lage weist – hat begreiflicherweise auch ein nachhaltiges juristisches Interesse am Text geweckt.

Wo das Recht mit seinen Möglichkeiten am Ende ist, eine menschlich akzeptable, eine humane Lösung angesichts eines im Grunde unerträglichen Dilemmas zu bieten, da eröffnet die Literatur neue Perspektiven, die dem Recht verschlossen bleiben. Dazu mag denn auch der märchenhaft erscheinende Schluss passen, der gleichsam eine literarische Utopie signalisiert,[58] die nicht nur die Realität des Rechts, sondern auch die gesellschaftliche Wirklichkeit zu übersteigen scheint. Die aus der Souveränität des absolutistischen Herrschers fließende Befugnis, Gnade zu üben, wo das Recht dem Richter zu strafen gebietet, bildet jene Nahtstelle, an der das geschichtlich überkommene Recht sich seiner eigenen normativen Bindungen entledigt, um gleichwohl noch in solchen ausweglosen Extremfällen angemessene Konfliktlösungen „hervorzaubern“ zu können.

Doch bleiben auch Fragen, die nicht nur dem juristischen Verhältnis von Recht und Gerechtigkeit, Recht und Gnade gelten. Sie betreffen namentlich das Selbstverständnis des Künstlers und dessen Verhältnis zur Gesellschaft. Bescheiden, wie sich die Scuderi selbst als Schriftstellerin sieht, charakterisiert sie ihre Verse als mittelmäßig und verweist hinsichtlich ihrer Romane auf ein „paar gut eingebundene(r) Bücher mit vergoldetem Schnitt“. Sie verkörpert durch ihre Haltung reine Menschlichkeit, lebt mit ihrem Mut, ihrer Offenheit und ihrem ganzen Wesen Tugenden, die nicht nur in der Pariser

---

57 Vgl. nur – pars pro toto – außer den in Fn. 2 zitierten Autoren z.B. *Eugen Wohlhaupter*, Dichterjuristen. Hg. von H. G. Seifert, Bd. II. Tübingen 1955, S. 35 ff. (85–87); *Arthur Kaufmann*, Beziehungen zwischen Recht und Novellistik, NJW 35 (1982), S. 606–610 (608); *Petra Buck*, Wo der Richter strafen muß – Die Welten des E.T.A. Hoffmann, in: Michael Kilian (Hrsg.), Jurisprudenz zwischen Techne und Kunst. Tübingen 1987, S. 96–115 (106–108); *Alfred Hoffmann*, E.T.A. Hoffmann. Leben und Arbeit eines preußischen Richters, Baden-Baden 1990, S. 236 f.; *Marek Jaroszewski*, Zum Verhältnis von Literatur und Recht bei E.T.A. Hoffmann, in: Hans-Albrecht Koch, Gabriella Rovagni und Bernd H. Oppermann (Hrsg.), Grenzfrevel. Rechtskultur und literarische Kultur. Bonn 1998, S. 47–57 (52 f.).

58 Vgl. etwa *Freund* (Fn. 2), S. 52; *Mangold* (Fn. 2), S. 279 f.

Gesellschaft des ausklingenden 17. Jahrhunderts wahre menschliche Preziosen darstellen. Doch entsprechen ihre anmutigen Verse und ihre allgemein beliebten Romane schwerlich dem Idealbild einer Literatur, an die Hoffmann die Sonde seiner Qualitätsmaßstäbe anlegt. Die Scuderi ist sich ja dank ihrer selbstkritischen Einstellung der Grenzen ihrer literarischen Fähigkeiten sehr wohl bewusst. Demgegenüber repräsentiert Cardillac den Typ des von seiner Kunst besessenen, ihr völlig verfallenen Künstlers, der ihretwegen gleichfalls im Wortsinne über Leichen geht. Eine derart radikale – um nicht zu sagen extremistische –, vom realen Leben entfremdete, geradezu menschenfeindliche Mentalität begreift Hoffmann gleichfalls nicht als Inkarnation wahren Künstlertums.

Was sich der Dichter wohl unter der Koinzidenz wahrer Menschlichkeit und wahrhaftigen Künstlertums vorstellt, klingt in der scherzhaften Charakterisierung der Scuderi als „Goldschmiedsbraut“ an, einer Amalgamierung der einzigartigen künstlerischen Fähigkeiten Cardillacs und der moralisch hochstehenden Haltung des Fräuleins von Scuderi. Das bleibt die in der Erzählung zwar aufscheinende, aber auch in ihr unverwirklichte Utopie.[59] Hoffmann hat uns ein zugleich nachtdunkles und taghelles Werk hinterlassen, das uns nicht mit fertigen Antworten abspeist, sondern gerade mit offenen Fragen konfrontiert: sowohl was die Vermittlung von Poesie und Recht als auch was das ureigene Verständnis von Künstlertum betrifft.

59 *Schmidt* (Fn. 2), S. 120 f.

KOMMENTAR II

Marion Bönnighausen

Das Fräulein von Scuderi – eine romantische Künstlerin als Detektivin und Anwältin

Richard von Alewyn, renommierter Germanist der 50er Jahre, sieht die „literarische Herkunft und die geistige Heimat“ des Detektivromans in der literarischen Romantik begründet, da deren genuine Wesenheit das Geheimnisvolle und seine Aufklärung sei.[1] Das Schema der romantischen Literatur entspreche somit dem Modell des Detektivromans: Es gehe um „unerklärliche und unheimliche Erscheinungen“, die auf geheime Zusammenhänge hinwiesen, die wiederum „als die Folgen oder Vorzeichen furchtbarer Verbrechen“ zu deuten seien.[2] Die These Alewyns leugnet historische Voraussetzungen wie die Justizreformen im 18. und 19. Jahrhundert, die das Indizienverfahren erst ermöglichten, das wiederum die Grundlage für eine rationale und analytische Ermittlung von Indizien begründete.[3] An die Stelle von kühler Beweisführung als Wesensmerkmal der Detektion tritt damit das Geheimnis- und Ahnungsvolle, das auf furchtbare Verbrechen verweist. Auch wenn ein solches Verständnis von Detektion allen Merkmalen dieses Genres offenkundig widerspricht, trifft es doch den Kern unserer Erzählung, die um das Fräulein von Scuderi kreist und dort eine Detektivin in den Mittelpunkt stellt. Nennt Paul Hindemith unter Bezugnahme auf Hoffmanns Erzählung seine 1926 in Dresden uraufgeführte Oper „Cardillac“ und hebt somit die Taten des ungeheuerlichen Täters hervor, so liegt der Fokus der Erzählung E.T.A. Hoffmanns auf der Entlarvung des Täters, die sich hier in besonderer Weise als ein Enträtseln von Geheimnissen präsentiert. Die Detektion, die hier stattfindet, ist eine besondere, nämlich eine genuin romantische. Was kann man sich unter einer romantischen Detektion vorstellen, die doch einen Widerspruch in sich birgt?

---

1 Vgl. *Richard Alewyn*: Die Anfänge des Detektivromans. In: Viktor Zmegac (Hg.): Der wohltemperierte Mord. Zur Theorie und Geschichte des Detektivromans. Frankfurt/M. 1971, S. 185–202, hier S. 202.

2 Vgl. ebd., S. 199.

3 Vgl. *Horst Conrad*: Die literarische Angst. Das Schreckliche in Schauerromantik und Detektivgeschichte. Düsseldorf 1974, S. 105.

Zunächst einmal muss man sich vergegenwärtigen, was denn eine klassische Detektiv- oder auch Kriminalgeschichte – eine künstliche Trennung dieser Genre-Begrifflichkeiten hat sich als nicht produktiv erwiesen – ausmacht. Zunächst einmal, und damit sind wir schon bei dem wichtigsten Merkmal der Detektivgeschichte, enthält eine solche Erzählung gewisse Elemente, die sie unterschiedlich ausgestalten und variieren kann. Die wichtigsten Bestandteile sind: der Fall, die Verdächtigen, der Detektiv. Diese drei wesentlichen Faktoren sind nun probeweise auf das „Fräulein von Scuderi" anzuwenden.

Der fehlende Fall und die kriminalistische Erzählstruktur

Der Fall präsentiert sich zunächst wie ein typischer Detektivfall: Die Übergabe eines rätselhaften Kästchens unter mysteriösen Umständen wird in Form einer dramatischen Exposition gestaltet, die die mitternächtliche Szenerie nutzt, um eine Atmosphäre aus Angst und Ungewissheit aufzubauen. Anstatt dass nun eine Tat verübt, ein Mord begangen oder zumindest entdeckt wird, bleibt es bei diesem unerklärlichen Auftritt, zu dem auch der Erzähler keine aufklärenden Worte findet. Das Rätselhafte der Situation wird stattdessen weiter verschärft, da der Erzähler in einen historischen Exkurs über das Sittenbild des zeitgenössischen Paris ausweicht und damit Erklärungen zum Hintergrund des mysteriösen Vorfalls geheimnisvoll andeutet, jedoch keine konkreten Verbindungen herstellt. Das Schema einer Detektivgeschichte ergibt hier nicht das strukturelle Gefüge der Geschichte. Die Erwartungen des heutigen Lesers an eine gewissermaßen schematisierte Abfolge der Geschehnisse – die Tat als Auftakt, die sich daran anschließende, sich linear entwickelnde Aufklärung der Geschehnisse und als Schlusspunkt die Rekonstruktion der Tat – werden in dieser Erzählung nicht erfüllt. Die Dramaturgie ergibt sich stattdessen aus vielfältig gestalteten Rückwendungen, die den Leser zumeist aus dem Spannungsgefüge herausreißen, da die Erzählperspektive unvermittelt wechselt. So stellt in der ersten aufbauenden Rückwendung nach dem dramatischen Auftakt unvermittelt ein auktorialer Erzähler das verbrecherische Paris mit seinem neuen Mordgeschehen vor und liefert damit Kontextwissen nach, das erforderlich ist, um Verbrechen zu verstehen, die bis zu diesem Zeitpunkt in der Geschichte noch gar nicht stattgefunden haben.

Die komplexeste Form der zeitlichen Umstellung vollzieht sich in der Auflösung des Falls. Hier findet nicht nur eine Darstellung der Tatgeschehnisse statt, die in die Ausführungen eines unschuldig Verdächtigen, Olivier Brussons, eingebettet sind, sondern in diese Darstellungen hinein wird zudem eine Erzählung des Täters eingeschoben, die wortgetreu von Olivier wiedergegeben wird. Die Ineinanderschachtelung von Geschehnissen könnte zeitlich und erzähltechnisch nicht komplizierter sein: Zunächst vermittelt ein auktorialer Erzähler dem Leser in Form einer eingeschobenen Rückwendung die besondere Geschichte der Familie Brusson in ihrem

Verhältnis zur Scuderi und verweist somit auf Zusammenhänge, die bis in die Vorvergangenheit reichen. Gewissermaßen chronologisch hieran anknüpfend erzählt Olivier in einem Rückblick als Ausprägung einer eingeschobenen Rückwendung den weiteren Lebensweg der Familie und seiner selbst. Erst wenn sich die Geschichte allmählich der Erzählgegenwart nähert und Cardillac mit einbezieht, wird deutlich, dass dieser den Mittelpunkt der Kriminalgeschichte bildet. An dieser Stelle wird mit den Worten von Cardillac selbst, in der Ich-Form, ein Psychogramm entwickelt, das den Ausgangspunkt der Geschehnisse bildet und die (psychologischen) Hintergründe der Tat erläutert. Auf diese Weise entsteht ein äußerst kompliziertes Erzählgeflecht, das eine chronologische Abfolge unterläuft. Indem alle Rückwendungen, die das lineare Erzählen unmöglich machen, an unterschiedliche Personenreden gebunden sind, präsentiert sich das Erzählen neben der daraus resultierenden subjektiven Relativierung der Geschehnisse durchgehend als ein Vorgang der Vermittlung.[4]

Insgesamt trägt der Einsatz von Rückwendungen, der über das übliche Maß hinausgeht, zur Verrätselung der Geschehenschronologie bei.[5] Mögliche Zusammenhänge werden erst allmählich angedeutet, so dass die Ereignisse über weite Strecken zusammenhanglos erscheinen. Das Wissen um mögliche kriminalistische Bezüge lässt die Geschehnisse in einem dunklen, geheimnisvollen und auch bedrohlichen Licht erscheinen. Das gesamte Erzählverfahren ist auf die Erzeugung einer geheimnisvoll-unheimlichen Atmosphäre ausgerichtet. Diesem obersten Prinzip der Verschleierung folgend, werden Situationen, Figuren und Vorgänge an keiner Stelle offen gelegt, sondern entsprechende Informationen werden (bewusst) vorenthalten und damit wirkungsästhetisch konzipiert, um die Unbegreiflichkeit und latente Bedrohlichkeit der Geschehnisse zu suggerieren und die Stimmung des Mysteriösen und Bedrohlichen zu verstärken. Eine Steigerung erfährt diese unheilvolle Stimmung dadurch, dass die dargestellte Welt hintergründig anmutet.[6] Die (fiktive) Realität erweist sich als brüchig und zwiespältig. Sie wird bestimmt von untergründigen, psychischen Kräften und Trieben, wie sie in der Besessenheit Cardillacs deutlich wird. Die zeitliche Umkehrung der chronologischen Reihenfolge begünstigt diesen Schwebezustand und auch die verzögerte Aufklärung bringt nicht wirklich Gewissheit. Zwar werden die versteckten Andeutungen und Hinweise nach zunehmender Verdichtung

---

4 Vgl. *Lothar Pikulik*: Das Verbrechen aus Obsession. E.T.A. Hoffmann: „Das Fräulein von Scuderi" (1819). In: Winfried Freund (Hg.): Deutsche Novellen. Von der Klassik bis zur Gegenwart. München 1993, S. 47–57, hier S. 53.

5 Vgl. hierzu *Jochen Vogt*, der eine solche Verrätselung als Charakteristikum modernen und postmodernen Erzählens begreift. (Jochen Vogt: Aspekte erzählender Prosa. Eine Einführung in Erzähltechnik und Romantheorie. Opladen 1990, S. 118.) Dies würde die enge Verwandtschaft zwischen der literarischen Romantik und der Moderne erneut unterstreichen.

6 Vgl. *Lothar Pikulik*: Das Verbrechen aus Obsession, S. 52.

später doch noch über Rückbezüge in die Vergangenheit erklärlich, doch letztlich bleibt die Auflösung der Rätsel ebenso rätselhaft wie die Vorgänge insgesamt. Die Selbstoffenbarung Cardillacs, die tiefenpsychologisch angelegte Erklärung seiner Tat bleibt unlogisch und nicht nachvollziehbar, ebenso wie die einzelnen Vorgänge selbst. Der Fall ist also am Schluss gelöst, nur „der tiefste Grund des Geschehens [bleibt] dem Verstand unzugänglich und dunkel".[7]

Wir haben es deutlich mit einer Kriminalerzählung oder auch einer Detektivgeschichte zu tun, die in der Romantik wurzelt und deren Paradigmata überdeutlich vorführt und sie dadurch auch ironisiert. Zu deutlich ist die Verschleierungstaktik zu erkennen, die jedem Versuch einer rationalen Aufklärung, einer kausallogischen Fortführung und Explikation der Geschehnisse erzähltechnisch und motivisch genuin romantische Themen entgegensetzt.

Die Verdächtigen

Die Konstellation der Verdächtigen, die sich den unverdächtigen Schuldigen und den verdächtigen Unschuldigen aufteilen lassen, entsprechen dem gewohnten detektivischen Muster.

Cardillac als der Schuldige bleibt über weite Strecken der Erzählung aufgrund seiner bürgerlichen Reputation der Unverdächtige. Er ist der „rechtlichste Ehrenmann" (19), der „ehrliche, brave Meister" (43), der „alle Tugenden des treuen, zärtlichen Vaters, des guten Bürgers" (46) in sich vereint. Hoffmann setzt jedoch die für ein solches Textgenre üblichen Mittel der versteckten Hinweise ein, um die Maske des ehrbaren Bürgers recht bald mit Fragezeichen zu versehen und damit die Aufmerksamkeit des Lesers auf diese Figur zu lenken. Ein erster versteckter Hinweis auf die eigentliche Identität wird in Verbindung gerade mit seiner Ehrenhaftigkeit gegeben:

> „Wäre Cardillac nicht in ganz Paris als der rechtlichste Ehrenmann, uneigennützig, offen, ohne Hinterhalt, stets zu helfen bereit, bekannt gewesen, sein ganz besonderer Blick aus kleinen, tiefliegenden, grünfunkelnden Augen hätte ihn in den Verdacht heimlicher Tücke und Bosheit bringen können." (19)

Bei genauerem Lesen zeigt sich, dass die Beschreibung der Ehrenhaftigkeit Cardillacs deutlich überzeichnet ist und ausgerechnet die Tugenden der Offenheit und Ehrlichkeit benennt, die im nächsten Halbsatz durch den Hinweis auf Tücke und Bosheit in ihr Gegenteil verkehrt und damit negiert werden. Es handelt sich also weniger um einen versteckten als um einen sehr deutlichen Hinweis darauf, dass mit diesem Cardillac etwas nicht stimmen kann. Dies wird erst recht deutlich, wenn man mit der Symbolsprache E.T.A. Hoffmanns und seiner besonderen Wertschätzung des

7 Ebd., S. 53.

Augenmotivs vertraut ist. Die große Bedeutung der Augen drückt sich in dem Topos vom Auge als Spiegel der Seele aus, die E.T.A. Hoffmann immer wieder in seinen Erzählungen verwendet. Dieser mythische Topos, von Platon entwickelt, gelangte über die Schelling'sche Naturphilosophie in das frühromantische Gedankengut. Das Auge wird, insbesondere bei Novalis, zum Organon der Seele, an ihm werden Charaktereigenschaften und Gefühle ablesbar. Dem Auge, dessen Funktion physiologisch in der Aufnahme von Bildern besteht, das also eigentlich nur „passiver Spiegel der Außenwelt" ist[8], werden spätestens in der Romantik aktive Kräfte zugeschrieben, damit wird es zum „Sprachorgan des Gefühls".[9] Cardillacs „häßliches Lachen", das „gleißende Antlitz" und immer wieder seine „funkelnden Augen" verweisen damit deutlich auf die Abgründigkeit seines Charakters. Andererseits verbirgt der Erzähler diese Charakterzüge hinter geschickt lancierten Hinweisen, die Cardillac als „Meister Sonderling" mit einem „starren Eigensinn"(21) ausweisen und ihn auf diese Weise einer zu eindeutigen Kennzeichnung als Verdächtigen entziehen. So kann er weiterhin die kriminalistische Grundbedingung erfüllen, dem Leser zwar bekannt, aber unverdächtig zu sein. Zudem schützt ihn im weiteren Verlauf die Tatsache seiner eigenen Ermordung vor möglichen Verdächtigungen.

Genau umgekehrt verhält es sich mit dem verdächtigen Unschuldigen der Geschichte, Olivier Brusson. Dieser verhält sich, obwohl unschuldig, gleich zu Beginn der Geschichte entsprechend verdächtig, wenn er nächtens in das Haus der Scuderi eindringt, stürmisch und rücksichtslos zu ihrer Glaskutsche vordringt und auch noch dem Indizienbeweis von la Regnie zum Opfer fällt. In den Verdacht gerät er vor allem durch sein stürmisches, hoch emotionales Auftreten. Zu Beginn erleuchtet ein Kerzenschimmer ein „todbleiches, furchtbar entstelltes Jünglingsantlitz" (5), der unschuldige Verdächtige drängt „ungestüm" herein und ruft mit „wilder Stimme" (4). Hinzu kommen ambivalente Äußerungen von Olivier selbst, der darauf verweist, dass er „den Tod gerne leiden wolle, den er verdient habe" und deutlich aussagt: „Ich bin nicht vorwurfsfrei, die Chambre ardente kann mich mit Recht eines Verbrechens zeihen" (39). Es wird jedoch schnell deutlich, dass Olivier „rein von jeder Blutschuld" ist (39 f.) und sein Verschulden in seiner Mitwisserschaft, in seiner Verstrickung in Cardillacs „Labyrinth des Verbrechens" liegt (50).

---

8 Vgl. *Helga Slessarev*: Bedeutungsanreicherung des Wortes Auge. Betrachtungen zum Werke E.T.A. Hoffmanns. In: Monatshefte 63 (1971), S. 358–371, hier S. 359.

9 *Novalis*, zit. n. Ulrich Hohoff: E.T.A. Hoffmann: „Der Sandmann". Textkritik, Edition, Kommentar. Berlin/N.Y. 1998, S. 284.

Die Detektivfigur

Der Detektiv ist in dieser Erzählung eine Detektivin. Eine rationale Vorgehensweise war um die Wende zum 20. Jahrhundert aus gutem Grund dem männlichen Detektiv vorbehalten – bis dann schließlich Miss Marple diesem Mythos ein Ende bereitete. Und die Vorgängerin von Miss Marple war nun eben das Fräulein von Scuderi zu Beginn des 19. Jahrhunderts, die jedoch, anders als die scharfsinnige Aufklärungsarbeit der beliebten Engländerin, eben nicht ihren Verstand einsetzt und rational-logisch agiert. Im Gegenteil: Ihr Vorgehen ist maßgeblich durch Gefühle geleitet. Vor dem Hintergrund des verworrenen und undurchsichtigen Kriminalfalls, der als solcher erst sehr spät in die Geschichte eingeführt wird und sich als „kaum erklärbares Rätsel um einen undurchschaubaren Charakter“[10] darstellt, angesichts der Undurchsichtigkeit der Vorgänge, die sich auch in der Erzählstruktur widerspiegeln bzw. durch diese erst hervorgerufen werden, scheinen rationale Deduktionsmethoden zu versagen. Diese Methoden der Aufklärung wendet das Fräulein nur vereinzelt an, so zum Beispiel nach Madelons Bericht, der sie sehr ergreift und zu detektivischen Schritten ermuntert, da sie von der Unschuld Oliviers überzeugt und – eine typische Facette des Detektivs – vom Gerechtigkeitssinn geleitet ist. Sie zieht Erkundigungen ein, vergleicht die Aussagen Madelons und Oliviers, informiert sich über den Ruf des Angeklagten und forscht nach Tatmotiven. An anderer Stelle zeigt sie ein späterhin klassisches detektivisches Verhaltensmuster, wenn sie nach Öffnung des Kästchens „schweigend langsam im Zimmer auf und nieder [schreitet], als sinne sie erst nach, was nun zu tun sei“ (18).

Das sonstige Verhalten der Scuderi jedoch verstößt gegen alle detektivischen Verhaltensregeln. Von besonderer Bedeutung ist hierbei, dass sie persönlich in den Fall involviert ist und sich von persönlichen Motiven lenken lässt. Dies setzt sich fort in einer sehr subjektiv geprägten Herangehensweise, die vor allem intuitiv gefühlsmäßig bestimmt ist. Auch wenn sie damit eine Facette des später traditionellen Detektivschemas berührt, in der die Intuition der Detektivfigur eine nicht zu unterschätzende Rolle spielt: Die Verweise auf die Intuition der Scuderi verfolgen eine andere Intention. Zum einen ist es so möglich, die Atmosphäre des Unheimlichen, Undurchsichtigen zu verstärken. Die Scuderi kann sich nach dem Auftritt „einer dunklen Ahnung“ kaum erwehren, „daß hinter diesem allem irgendein grauenvolles, entsetzliches Geheimnis verborgen“ sei (24); nach der Mordnacht vor Cardillacs Haus fühlt sie sich „halb entseelt vor Schreck und furchtbarer Ahnung“, und zweifelnd an der Aussage Oliviers „regte sich aus ihrem tiefsten Innern heraus die Ahnung eines Geheimnisses“ (36). Zum anderen machen die Verweise auf die Intuition der Scuderi deutlich, dass ihre persönliche Verstrickung in den Fall, ihre emotionale Beteili-

10 *Horst Conrad*: Die literarische Angst, S. 106.

gung ihr Vorgehen bestimmt und sie zu einer mütterlich geprägten Detektionsfigur macht. Es wird in der Erzählung eindringlich darauf verwiesen, dass sie sich auf ihr „tiefes Innere" verlässt (36, 27). Ihre äußerst emotional gestaltete Beweisführung macht zum einen deutlich, dass ihr weniger an der Aufklärung eines Verbrechens als vielmehr an der Rettung ihres Schützlings liegt. Mit diesem verbinden sie mütterliche Gefühle, sodass Olivier auch nur ihr sein Geheimnis offenbaren kann. Die Scuderi bemüht sich um die Aufdeckung des Verbrechens, weil sie familial bzw. emotional an Olivier und seine Geliebte gebunden und von dem Wunsch beseelt ist, die beiden zu einer Familie verbunden zu sehen, die „unter der Regie der Scuderi selber als idealer Mutter" stehen würde.[11] Ihre Deutungen der Geschehnisse sind denn auch vorzugsweise unbewusst motiviert, ihre Schwankungen bezüglich Schuld oder Unschuld behindern sogar nicht unbeträchtlich die Nachforschungen. So ist es kaum verwunderlich, dass – obwohl bei der Scuderi alle Fäden zusammenlaufen – sie letztlich nicht konkret und aktiv zur Aufklärung der Mordserie beiträgt. Alle Elemente zur Lösung des Falls: der Schmuck, das Geständnis Oliviers, der Mörder Cardillacs kommen ohne ihr Zutun sozusagen in ihr Haus.[12] Sie selbst befürchtet, sie könne „sich nicht mehr den wunderbaren Verschlingungen entziehen, in die sie willenlos geraten" (37). Claus Reinert stellt heraus, dass damit die Scuderi eher eine „Detektivin wider Willen" sei.[13]

Und die Rolle einer Detektivin übernimmt sie auch nicht während der gesamten Erzählung. Sie entwickelt sich hierzu erst im Laufe der Erzählung, dann aber findet die Lösung des Falls bereits in der Mitte der Erzählung statt. Mit dem Bericht Oliviers, der sich freiwillig der Scuderi anvertraut, ist die Juwelenraub- und Mordserie (ohne aktive Mithilfe der Scuderi übrigens) aufgeklärt und damit ihre Rolle als Detektivin beendet.

Die Scuderi als Advokatin und Künstlerin

Nun beginnt für die Scuderi ihre neue Rolle als Advokatin, als „ideale Anwältin des Rechts"[14], die sie bis zum Ende der Erzählung beibehält. Obwohl sie sich zunächst vom „Rechtsverständigen" (55) Pierre Arnaud d'Andilly beraten lässt, ist sie diesem bis zum Ende der Erzählung in der Tiefe ihres Rechtsverständnisses überlegen. Wenn über d'Andilly gesagt wird, seiner „tiefen Wissenschaft", seinem „umfassen-

11 Vgl. *Friedrich Kittler*: Dichter, Mutter, Kind. München 1991, S. 213.

12 Vgl. *Gisela Gorski*: E.T.A. Hoffmann: Das Fräulein von Scuderi als Detektivgeschichte. In: Mitteilungen der E.T.A. Hoffmann-Gesellschaft 27 (1981), S. 1–15, hier S. 4.

13 *Claus Reinert*: Das Unheimliche und die Detektivliteratur. Entwurf einer poetologischen Theorie über Entstehung, Entfaltung und Problematik der Detektivliteratur. Bonn 1973, S. 41.

14 *Klaus Kanzog*: E.T.A. Hoffmanns Erzählung „Das Fräulein von Scuderi" als Kriminalgeschichte. In: Mitteilungen der E.T.A. Hoffmann-Gesellschaft11 (1964), S. 1–11, hier S. 5.

den Verstand" seien seine „Rechtschaffenheit" und seine „Tugend" gleich (55), so verfügt eben das Fräulein nicht nur über diese Vorzüge, sondern ist darüber hinaus durch den Einsatz von Gefühl und Intuition in Grenzbereiche von Dämonie und Recht vorgestoßen, die einem umfassenden Verstande und damit auch dem ehrbaren Anwalt d'Andilly nicht mehr zugänglich sind.

Voller Hochachtung äußert sich Ludwig XIV. in diesem Sinne der Scuderi gegenüber:

> „Ihr solltet Parlamentsadvokat sein und meine Rechtshändel ausfechten [...] wen die Tugend selbst in Schutz nimmt, mag der nicht sicher sein vor jeder bösen Anklage, vor der Chambre ardente und allen Gerichtshöfen der Welt!" (63)

Er verkennt hierbei jedoch, dass die Kraft der Tugend eben nicht ausreicht, um Recht walten zu lassen. Die bösen Umtriebigkeiten der Chambre ardente sorgen ja gerade dafür, dass über Tugend und Gerechtigkeit hinweg geschritten wird. Im Fall der Scuderi hingegen verhält es sich so, dass sie ihre vorzügliche Stellung am Hof und ihre mittlerweile entwickelte künstlerische Gabe einer tief verinnerlichten, engagierten und emotionalen Rhetorik als Waffe gegen Unrechtmäßigkeiten einzusetzen versteht. So wenig die Scuderi als Detektivin zu überzeugen vermag, als Advokatin stehen ihr im Gewand einer romantischen Künstlerin Mittel zu Gebote, die das übliche Anwaltsgebaren dürftig und unzulänglich erscheinen lassen.

Was das romantische Künstlertum angeht, ist es der Goldschmied Cardillac, der den Typus des genialischen Künstlers repräsentiert, dessen Künstlertum von Ausschließlichkeit bestimmt ist und deshalb narzisstische Züge aufweist. Dies ist umso erstaunlicher, als Cardillac keine Kunst im modernen Sinne ausübt[15], sondern als Kunsthandwerker einer Künstlerfigur im älteren Sinne entspricht. Als ein solcher jedoch verkörpert er die spezifische Genialität, die den romantischen Künstler als Topos bestimmt. Cardillac selbst und seine Umgebung sind gleichermaßen von dem hohen Wert seiner Kunst überzeugt, die vom Erzähler entsprechend lobend hervorgehoben wird. Die Vollkommenheit seiner Kunst wiederum liegt in einem weiteren Topos der Romantik begründet, im Motiv des Karfunkels. Die besondere Genialität Cardillacs liegt dem Erzähler zufolge darin begründet, dass Cardillac „innig vertraut mit der Natur der Edelsteine" sei (19). Der Überlieferung zufolge sind in Edelsteinen alle geheimnisvollen Kräfte der Natur enthalten, wodurch sie eine magische Wirkung ausüben. Hoffmann knüpft in seinem Werk immer wieder an diesen alten Glauben an. So spricht er vom magischen „Karfunkel" der Poesie und deutet damit auf „die in der Poesie ausgehobene Kraft der Naturganzheit" hin.[16] Der Motivbe-

15 Vgl. *Lothar Pikulik*: E.T.A. Hoffmann als Erzähler. Ein Kommentar zu den „Serapions-Brüdern". Göttingen 1987, S. 175.

16 *Jochen Schmidt*: Die Geschichte des Genie-Gedankens in der deutschen Literatur, Philosophie und Politik 1750–1956. Bd. 2. Darmstadt 1985, S. 35.

reich des Funkelnden, der hier angesprochen ist, birgt große Ambivalenzen, da dieses Merkmal gleichermaßen das Abgründige der Figur Cardillacs kennzeichnet, wenn es heißt: „[...] sein ganz besonderer Blick aus kleinen, tiefliegenden, grün funkelnden Augen hätten ihn in den Verdacht heimlicher Tücke und Bosheit bringen können" (19). Die Augen Cardillacs werden über Lichtmetaphern beschrieben, sie sind „funkelnd" (19), Cardillac „blitzt" Kunden „mit seinen kleinen Augen" an (20), gleichzeitig sollen seine Edelsteine den Kunden in den Augen „funkeln" (20). Die Augen werden mit den Diamanten in Verbindung gebracht, indem die funkelnden Augen Cardillacs in engem Zusammenhang mit leidenschaftlichen Trieben und Begierden stehen, die die funkelnden Juwelen wecken. Gleichzeitig drückt sich im Motiv der Juwelen der Widerstreit von Tugend und Erotik aus, der die innere Zerrissenheit Cardillacs maßgeblich bestimmt. Cardillacs Mutter erscheint der Kavalier, der ihrer Tugend nachstellt, „im Glanz der strahlenden Diamanten ein Wesen höherer Art, der Inbegriff aller Schönheit", den sie – hier werden die Diamanten wieder mit dem Augenmotiv verbunden – mit „sehnsuchtsvollen, feurigen Blicken" verfolgt: „Ihr ganzes Wesen war Begierde nach den funkelnden Steinen, die ihr ein überirdisches Gut dünkten" (47). Die Maintenon wiederum bezeichnet die Juwelen als „süße Frucht" (23, 41) und die Scuderi schmückt sich mit Cardillacs „köstlichem Geschmeide" (59), um auch mit Hilfe einer erotischen Komponente den König gewissermaßen zur Milde zu verführen. Somit wird über das Motiv der funkelnden Juwelen die Zwiespältigkeit von Erotik und Tugend mit der Thematik des Bösen und des Todes verbunden.

Das Kunstwerk, das im Innern des Künstlers bereits vollendet sein muss, nimmt seinen Ausgang von der pochenden Mitte, dem „strahlenden Karfunkel".[17] Wahres Künstlertum ist also davon abhängig, dass der Künstler diesen Karfunkel in der Brust trägt. Dies bedeutet jedoch auch Ausschließlichkeit und die Abwendung vom Außen. Die absolute Autonomie der produktiven Einbildungskraft bleibt grundsätzlich vom Gesellschaftlichen getrennt. In diesem Sinne bedingt Cardillacs Genialität eine „sonderlingshafte Isolation" und eine „asoziale Wesensstruktur".[18] Cardillacs Werk ist nicht als Ware gedacht und auch nicht für äußere Zwecke und Gelegenheiten konzipiert. Deshalb gehört es in einem tieferen Sinne nur ihm allein. Sein todbringendes Verbrechertum markiert lediglich den äußersten Grad der Opposition von Kunst und Leben.

Dieses Kunst- und Künstler-Verständnis steht in scharfer Opposition zu der älteren Kunstauffassung, der zufolge Kunst bloße Zierde für gesellschaftliche Anlässe ist. Magdaleine von Scuderi verkörpert diesen zeitgenössischen Künstlertypus des welt-

---

17 *E.T.A. Hoffmann*: Die Serapions-Brüder. Gesammelte Erzählungen und Märchen. München 1966, S. 54.

18 *Jochen Schmidt*: Die Geschichte des Genie-Gedankens, S. 34 ff.

bezogenen, der Gesellschaft zugewandten Künstlers und scheint damit zunächst der Kunstauffassung Cardillacs gegenübergestellt. Ihre Verse sind von höfischer Eleganz bestimmt, die auf geistreiche Pointen und einen angemessenen Konversationston bedacht sind. Die oberflächliche, rationalistisch unschöpferische Geisteshaltung, die sich in der witzigen Leichtigkeit ihrer Dichtung ausdrückt, ist die Sprache der höfischen Gesellschaft, in der sie sich bewegt. Die Gegensätzlichkeit der Kunstauffassung von Cardillac und dem Fräulein offenbart auf den zweiten Blick jedoch auch erstaunliche Ähnlichkeiten, denn das bloß „Gesellschaftliche" des Gebarens des Fräuleins ist geprägt von sozialer Verantwortungslosigkeit. Bereits zu Beginn verharmlost die Scuderi durch ihre betont geistreiche Formulierung, die die Galanterie der Liebhaber anscheinend zu überbieten sucht, das Ausmaß der Verbrechen. Wenn von den Versen der Scuderi gesagt wird, dass sie das Gedicht der Liebhaber „zu Boden schlugen" (15) verdeutlicht diese Formulierung die Haltung der Unmenschlichkeit, die in der höfischen Gesellschaft vorherrscht. Wegen dieser ‚schlagenden' Funktion der Dichtung versäumt die Scuderi in einer anderen Szene, den Schmuck rechtzeitig an Cardillac zurückzugeben, worum sie von dem Unbekannten auf dem Pontneuf so dringend gebeten worden war. Dieser hatte immerhin sein Leben und auch ihres davon abhängig gemacht. Die Scuderi nimmt diese Frist nicht wahr, da an diesem Tage „alle schönen Geister von Paris" (26) ihr Rededuell vorführen, zu dem ihre Kunst verkommen ist. Eine solche, im übertragenen Sinne gewalttätige Kunst lässt sich leicht in die Nähe eines Verbrechens rücken. Das Gedankenspiel der Scuderi, „Un amant qui craint les voleurs n'est point digne d'amour" (20), verdeutlicht in seiner höfischen Phraseologie die dahinter verborgene Inhumanität. Die mangelnde soziale Verantwortung der Scuderi zeigt sich auch darin, dass sie, als sie bei der Maintenon auf Cardillac trifft, dessen seelische Not verkennt und die Begegnung in „gar anmutige Verse" bringt, dies auf „Kosten Meister Renés" (25).

Während Cardillac aufgrund tiefenpsychologischer Begründung seines verbrecherischen Verhaltens in seinem Künstlertum entwicklungslos bleiben muss, macht die Scuderi in menschlicher wie in künstlerischer Hinsicht eine große Entwicklung durch. Ihr Engagement und ihre emotional aufwühlenden Erfahrungen, die sie während ihrer Aufklärungsbemühungen des Verbrechens macht, bringen sie zu einer kritischen Distanz ihrer künstlerischen Gefälligkeit gegenüber. Sie lernt, ihrem „tiefsten Innern" zu vertrauen, und nähert sich dadurch einem Künstlertum an, das E.T.A. Hoffmanns Kunstmaxime des serapiontischen Prinzips erfüllt.

„Das Fräulein von Scuderi" ist in dem Erzählband „Die Serapions-Brüder" (1819–1821) erschienen, der die einzelnen Erzählungen durch Rahmengespräche miteinander verbindet, innerhalb derer wiederum die Poetologie Hoffmanns formuliert wird. Der Grundgedanke der Poetologie liegt in dem Postulat dichterischer Phantasie begründet, die von Wahrhaftigkeit geprägt sein muss. So wird von den Serapions-

Brüdern die Maxime aufgestellt, dass „jeder recht ernstlich darnach [strebe], das Bild, das ihm im Innern aufgegangen, recht zu erfassen mit allen seinen Gestalten, Farben, Lichtern und Schatten [...].“[19] Zu der Fantasie als innerer Welt muss jedoch unabdingbar der Bezug zur Realität hinzutreten:

> „Es gibt eine innere Welt, und die geistige Kraft, sie in voller Klarheit, in dem vollendetsten Glanze des regesten Lebens zu schauen, aber es ist unser irdisches Erbteil, daß eben die Außenwelt, in der wir eingeschachtet, als der Hebel wirkt, der jene Kraft in Bewegung setzt.“[20]

Wenn im Laufe ihrer Entwicklung die Scuderi eine Entwicklung zur wahren Poetin durchmacht, nähert sie sich einem tieferen und wahren Kunstverständnis, das von der Hybris ihrer früheren Kunstmaxime deutlich unterschieden ist. Dies zeigt sich in der Dramaturgie des Rettungsversuchs ihres Schützlings Olivier, die sich auf eine Poetik stützt, deren poetische Rhetorik, verbunden mit Wirklichkeitsbezug und Lebendigkeit, die Kunstmaxime des serapiontischen Prinzips erfüllt:

> „Mit immer steigendem und steigendem Interesse begannen nun die Szenen mit la Regnie – mit Desgrais – mit Olivier selbst. Der König, hingerissen von der Gewalt des lebendigsten Lebens, das in der Scuderi-Rede glühte, gewahrte nicht, daß von dem gehässigen Prozeß des ihm abscheulichen Brussons die Rede war, vermochte nicht ein Wort hervorzubringen, konnte nur dann und wann mit einem Ausruf Luft machen der innern Bewegung.“(60)

Zeitgenössische rezeptionsgeschichtliche und politische Hintergründe

Die Erzählungen E.T.A. Hoffmanns aus dem Band „Die Serapions-Brüder“ erfuhren die unterschiedlichsten zeitgenössischen Einschätzungen. Zum einen wurden sie hochgeschätzt, da sie „die wilde Kraft“ seiner sonstigen Erzählkunst bezwingen.[21] In diesem Sinne formuliert ein Zeitgenosse E.T.A. Hoffmanns, Willibald Alexis, in einem Beitrag in Eduard Hitzigs Hoffmann-Biografie aus dem Jahre 1843: „Die ausschweifende Phantasie, der ungezügelte Humor sind dienstbar geworden einer höheren Anordnung der Dinge“.[22] Genau dieser Befund dient seiner Nachwelt wiederum dazu, Kritik daran zu üben, dass diese Erzählung nicht zu den „Subjectiven“ zu rechnen sei, „die er mit seinem Herzblut geschrieben habe“, sondern zu den „Objectiven“. Diese aber seien „gleichsam mit der linken Hand geschrieben“, wie der Zeitgenosse Hans von Müller festhält.[23]

---

19 *E.T.A. Hoffmann*: Die Serapions-Brüder, S. 55.

20 Ebd.

21 *Willibald Alexis*, zit. n. Wulf Segebrecht: Heterogenität und Integration. Studien zu Leben, Werk und Wirkung E.T.A. Hoffmanns. Frankfurt/M. 1996, S. 132 f.

22 Ebd.

23 *Hans von Müller*, zit. n. Wulf Segebrecht: Heterogenität und Integration, S. 133 f.

„Objectiv" ist die Erzählung „Das Fräulein von Scuderi" vor allem durch das genaue Studium der historischen und juristischen Quellen, das E.T.A. Hoffmann als Rat am Kammergericht nicht schwer gefallen sein dürfte. Als Grundlage für das Verfassen seiner Erzählung hatte er sich genauestens über die Zustände in Frankreich im 17. Jahrhundert kundig gemacht, insbesondere über die Verhältnisse in Paris. Grundlage seiner der Erzählung zugrunde liegenden historischen Begebenheiten waren „Briefe aus der Hauptstadt und dem Innern Frankreichs unter der Consular-Regierung" von Friedrich Lorenz Meyers (1802), „Paris wie es war und wie es ist" von Eberhard August Wilhelm von Zimmermann (1805/06) sowie „Siècle de Louis XIV" von Voltaire (1751). Vor diesem Wissenshintergrund werden in der Erzählung historische Ereignisse nahtlos eingewoben, so dass eben die Erzählung „Das Fräulein von Scuderi" „wahrhaft serapiontisch" werde, „weil sie auf geschichtlichen Grund gebaut, doch hinaufsteige ins Fantastische".[24]

Aus dem Studium der juristischen Schriften E.T.A. Hoffmanns geht hervor, dass sein Anliegen in der Rechtsprechung seinem poetischen Postulat durchaus vergleichbar war: Es war sein Bestreben, „jede Form der Verabsolutierung in Frage zu stellen"[25], handelte es sich nun um den Absolutismus des Staates oder den sich selbst absolut setzenden Künstler. Für den Juristen Hoffmann waren die Ethik und Rechtsphilosophie Kants verpflichtend, die auch die geistige Grundlage des Allgemeinen Preußischen Landrechts von 1794 bildete. Dieses Recht rückte die Täter und ihre Motive in den Mittelpunkt der Beurteilung, woraus sich gerade im Zusammenhang mit der nachaufklärerischen Skepsis gegenüber einer objektiven Ermittlung von Fakten eine neue Haltung gegenüber dem Aspekt der Schuldfähigkeit ergab. Am 1. Oktober 1819 wurde E.T.A. Hoffmann der Königlich Preußischen Untersuchungskommission zugeordnet, die im Zusammenhang mit den Karlsbader Beschlüssen eingerichtet worden war und die Ermittlung „hochverräterischer Verbindungen und anderer gefährlicher Umtriebe" zum Inhalt hatte.[26] Die Intention war, über diese Untersuchungskommission die Verfolgung und Verurteilung von angeblichen Demagogen und Hochverrätern juristisch zu legitimieren. Das einberufene Kammergericht jedoch ließ sich nicht von dem Innen- und Polizeiministerium vereinnahmen, sondern versuchte, den verdächtigen Personenkreis auf aktive Mitglieder konkreter Verbindungen zu beschränken. Insbesondere E.T.A. Hoffmann trat der politischen Absicht entgegen, bloße Gesinnungen zu inkriminieren, ohne dass konkrete Straftaten vorlagen. Da daraufhin die rechtskräftigen Entscheidungen der Richter aufgrund mangelnder Beweismittel fast immer zu Freilassungen der Verdächtigen führten, was dem Bestreben des Innen- und Polizeiministeriums entge-

24 *E.T.A. Hoffmann*: Die Serapions-Brüder, S. 709.

25 *Wulf Segebrecht*: Heterogenität und Integration, S. 102.

26 Vgl. ebd.

genlief, wurde der Kommission zunächst die Vollzugskompetenz entzogen und ihr in einem weiteren Schritt eine Ministerial-Kommission übergeordnet.

Indem sich Allgegenwart und Allmacht des Staates im Paris Ludwig XIV. auf die zeitgenössischen preußischen Verhältnisse übertragen ließen, konnte E.T.A. Hoffmann seinen Kampf gegen die behördliche Willkür im „Fräulein von Scuderi" literarisch verarbeiten. Die große Begnadigungsszene am Ende, in der die Scuderi ihren großen Auftritt als künstlerische Advokatin hat, findet ihr Vorbild im Prozess gegen ‚Turnvater' Friedrich Ludwig Jahn, der in seinem juristischen Kampf gegen den allmächtigen Chef der Gendarmerie von Kamptz unterlag. E.T.A. Hoffmann, dem die Leitung des Prozesses übertragen war, behauptete sich gegenüber seinem Vorgesetzten, indem er sich in seiner Argumentation auf das außerordentliche Majestätsrecht und die Gesetzlichkeiten der Demokratie berief:

> „Die von dem Jahn eingereichte Injurienklage mußten wir für rechtlich begründet halten nach dem klaren Wortlaut der Gesetze, weil ich die höchsten Staatsbeamten nicht außer dem Gesetz gestellt, vielmehr demselben, wie jeder andere Staatsbürger, unterworfen sind. Wir bemerken hierbei ehrerbietigst, [...] daß nur *Se. Majestät der König* unmittelbar die Macht habe, aus höheren Staatsgründen den Gang des Rechts zu hemmen."[27] (73)

Dass in diesem Fall die persönliche Intervention des Königs für die Einstellung der Beleidigungsklage Jahns sorgte, das Gutachten Hoffmanns nicht berücksichtigt wurde und letztlich Jahn eine fünfjährige Festungshaft verbrachte, zeigt, dass die Erzählung nur einen kleinen Einblick in die realen politischen Verhältnisse gibt. Die Interventionen am Kammergericht, die zu den juristischen und schriftstellerischen Meisterstücken des Kammergerichtsrates E.T.A. Hoffmann zählen und die neben einer dezidiert demokratischen Überzeugung von einem ungeheuren Wagemut zeugen, zeigen den Autor der Erzählung als den wahren unerschrockenen Helden, vor dessen furchtlos politisch-juristischem Einsatz die Figur seiner Erzählung, das Fräulein von Scuderi, sowohl als Künstlerin als auch als ermittelnde Detektivin und vermittelnde Anwältin nur einen matten Abglanz bildet. Die Erzählkunst E.T.A. Hoffmanns ist es, die in dieser Erzählung ein Feuerwerk hintergründiger und teilweise atemberaubend spannender Geschehnisse entfacht, die in der Wahl der sprachlichen Mittel mit dem Ziel einer dramatischen Wirkung wiederum kühl kalkuliert sind.

---

27 Zit. n. *Brigitte Feldges/Ulrich Stadler*: E.T.A. Hoffmann. Epoche – Werk – Wirkung. München 1986, S. 164.

Literatur

HOFFMANN E.T.A.: Die Serapions-Brüder. Gesammelte Erzählungen und Märchen. München 1966.

ALEWYN, RICHARD: Die Anfänge des Detektivromans. In: Viktor Zmegac (Hg.): Der wohltemperierte Mord. Zur Theorie und Geschichte des Detektivromans. Frankfurt/M. 1971, S. 185–202.

CONRAD, HORST: Die literarische Angst. Das Schreckliche in Schauerromantik und Detektivgeschichte. Düsseldorf 1974.

FELDGES, BRIGITTE / ULRICH STADLER: E.T.A. Hoffmann. Epoche – Werk – Wirkung. München 1986.

GORSKI, GISELA: E.T.A. Hoffmann: Das Fräulein von Scuderi als Detektivgeschichte. In: Mitteilungen der E.T.A. Hoffmann-Gesellschaft 27 (1981), S. 1–15.

HOHOFF, ULRICH: E.T.A. Hoffmann: „Der Sandmann“. Textkritik, Edition, Kommentar. Berlin / N.Y. 1998.

KANZOG, KLAUS: E.T.A. Hoffmanns Erzählung „Das Fräulein von Scuderi“ als Kriminalgeschichte. In: Mitteilungen der E.T.A. Hoffmann-Gesellschaft 11 (1964), S. 1–11.

KITTLER, FRIEDRICH: Dichter, Mutter, Kind. München 1991.

PIKULIK, LOTHAR: E.T.A. Hoffmann als Erzähler. Ein Kommentar zu den „Serapions-Brüdern“. Göttingen 1987.

PIKULIK, LOTHAR: Das Verbrechen aus Obsession. E.T.A. Hoffmann: „Das Fräulein von Scuderi“ (1819). In: Winfried Freund (Hg.): Deutsche Novellen. Von der Klassik bis zur Gegenwart. München 1993, S. 47–57.

REINERT, CLAUS: Das Unheimliche und die Detektivliteratur. Entwurf einer poetologischen Theorie über Entstehung, Entfaltung und Problematik der Detektivliteratur. Bonn 1973.

SCHMIDT, JOCHEN: Die Geschichte des Genie-Gedankens in der deutschen Literatur, Philosophie und Politik 1750–1956. Bd. 2. Darmstadt 1985.

SEGEBRECHT, WULF: Heterogenität und Integration. Studien zu Leben, Werk und Wirkung E.T.A. Hoffmanns. Frankfurt / M. 1996.

SLESSAREV, HELGA: Bedeutungsanreicherung des Wortes Auge. Betrachtungen zum Werke E.T.A. Hoffmanns. In: Monatshefte 63 (1971), S. 358–371.

VOGT, JOCHEN: Aspekte erzählender Prosa. Eine Einführung in Erzähltechnik und Romantheorie. 7. Aufl. Opladen 1990.

Juristische Zeitgeschichte

Herausgeber: Prof. Dr. Dr. Thomas Vormbaum, FernUniversität in Hagen

Abteilung 1: Allgemeine Reihe

1 *Thomas Vormbaum (Hrsg.):* Die Sozialdemokratie und die Entstehung des Bürgerlichen Gesetzbuchs. Quellen aus der sozialdemokratischen Partei und Presse (1997)
2 *Heiko Ahlbrecht:* Geschichte der völkerrechtlichen Strafgerichtsbarkeit im 20. Jahrhundert (1999)
3 *Dominik Westerkamp:* Pressefreiheit und Zensur im Sachsen des Vormärz (1999)
4 *Wolfgang Naucke:* Über die Zerbrechlichkeit des rechtsstaatlichen Strafrechts. Gesammelte Aufsätze zur Strafrechtsgeschichte (2000)
5 *Jörg Ernst August Waldow:* Der strafrechtliche Ehrenschutz in der NS-Zeit (2000)
6 *Bernhard Diestelkamp:* Rechtsgeschichte als Zeitgeschichte. Beiträge zur Rechtsgeschichte des 20. Jahrhunderts (2001)
7 *Michael Damnitz:* Bürgerliches Recht zwischen Staat und Kirche. Mitwirkung der Zentrumspartei am Bürgerlichen Gesetzbuch (2001)
8 *Massimo Nobili:* Die freie richterliche Überzeugungsbildung. Reformdiskussion und Gesetzgebung in Italien, Frankreich und Deutschland seit dem Ausgang des 18. Jahrhunderts (2001)
9 *Diemut Majer:* Nationalsozialismus im Lichte der Juristischen Zeitgeschichte (2002)
10 *Bianca Vieregge:* Die Gerichtsbarkeit einer „Elite". Nationalsozialistische Rechtsprechung am Beispiel der SS- und Polizeigerichtsbarkeit (2002)
11 *Norbert Berthold Wagner:* Die deutschen Schutzgebiete (2002)
12 *Miloš Vec:* Die Spur des Täters. Methoden der Identifikation in der Kriminalistik (1879–1933), (2002)
13 *Christian Amann:* Ordentliche Jugendgerichtsbarkeit und Justizalltag im OLG-Bezirk Hamm von 1939 bis 1945 (2003)
14 *Günter Gribbohm:* Das Reichskriegsgericht (2004)
15 *Martin M. Arnold:* Pressefreiheit und Zensur im Baden des Vormärz. Im Spannungsfeld zwischen Bundestreue und Liberalismus (2003)
16 *Ettore Dezza:* Beiträge zur Geschichte des modernen italienischen Strafrechts (2004)
17 *Thomas Vormbaum (Hrsg.):* „Euthanasie" vor Gericht. Die Anklageschrift des Generalstaatsanwalts beim OLG Frankfurt/M. gegen Werner Heyde u. a. vom 22. Mai 1962 (2005)
18 *Kai Cornelius:* Vom spurlosen Verschwindenlassen zur Benachrichtigungspflicht bei Festnahmen (2006)
19 *Kristina Brümmer-Pauly:* Desertion im Recht des Nationalsozialismus (2006)
20 *Hanns-Jürgen Wiegand:* Direktdemokratische Elemente in der deutschen Verfassungsgeschichte (2006)
21 *Hans-Peter Marutschke (Hrsg.):* Beiträge zur modernen japanischen Rechtsgeschichte (2006)

Abteilung 2: Forum Juristische Zeitgeschichte

1 *Franz-Josef Düwell / Thomas Vormbaum (Hrsg.):* Themen juristischer Zeitgeschichte (1) – Schwerpunktthema: Recht und Nationalsozialismus (1998)
2 *Karl-Heinz Keldungs:* Das Sondergericht Duisburg 1943–1945 (1998)
3 *Franz-Josef Düwell / Thomas Vormbaum (Hrsg.):* Themen juristischer Zeitgeschichte (2) – Schwerpunktthema: Recht und Juristen in der Revolution von 1848/49 (1998)
4 *Thomas Vormbaum:* Beiträge zur juristischen Zeitgeschichte (1999)
5 *Franz-Josef Düwell / Thomas Vormbaum:* Themen juristischer Zeitgeschichte (3), (1999)
6 *Thomas Vormbaum (Hrsg.):* Themen juristischer Zeitgeschichte (4), (2000)
7 *Frank Roeser:* Das Sondergericht Essen 1942–1945 (2000)
8 *Heinz Müller-Dietz:* Recht und Nationalsozialismus – Gesammelte Beiträge (2000)
9 *Franz-Josef Düwell (Hrsg.):* Licht und Schatten. Der 9. November in der deutschen Geschichte und Rechtsgeschichte – Symposium der Arnold-Freymuth-Gesellschaft, Hamm (2000)
10 *Bernd-Rüdiger Kern / Klaus-Peter Schroeder (Hrsg.):* Eduard von Simson (1810–1899). „Chorführer der Deutschen“ und erster Präsident des Reichsgerichts (2001)
11 *Norbert Haase / Bert Pampel (Hrsg.):* Die Waldheimer „Prozesse“ – fünfzig Jahre danach. Dokumentation der Tagung der Stiftung Sächsische Gedenkstätten am 28. und 29. September in Waldheim (2001)
12 *Wolfgang Form (Hrsg.):* Literatur- und Urteilsverzeichnis zum politischen NS-Strafrecht (2001)
13 *Sabine Hain:* Die Individualverfassungsbeschwerde nach Bundesrecht (2002)
14 *Gerhard Pauli / Thomas Vormbaum (Hrsg.):* Justiz und Nationalsozialismus – Kontinuität und Diskontinuität. Fachtagung in der Justizakademie des Landes NRW, Recklinghausen, am 19. und 20. November 2001 (2003)
15 *Mario Da Passano (Hrsg.):* Europäische Strafkolonien im 19. Jahrhundert. Internationaler Kongreß des Dipartimento di Storia der Universität Sassari und des Parco nazionale di Asinara, Porto Torres, 25. Mai 2001 (2006)
16 *Sylvia Kesper-Biermann / Petra Overath (Hrsg.):* Die Internationalisierung von Strafrechtswissenschaft und Kriminalpolitik (1870–1930). Deutschland im Vergleich (2007)
17 *Hermann Weber (Hrsg.):* Literatur, Recht und Musik. Tagung im Nordkolleg Rendsburg vom 16. bis 18. September 2005 (2007)
18 *Hermann Weber (Hrsg.):* Literatur, Recht und (bildende) Kunst. Tagung im Nordkolleg Rendsburg vom 21. bis 23. September 2007 (2008)

Abteilung 3: Beiträge zur modernen deutschen Strafgesetzgebung Materialien zu einem historischen Kommentar

1 *Thomas Vormbaum / Jürgen Welp (Hrsg.):* Das Strafgesetzbuch seit 1870. Sammlung der Änderungen und Neubekanntmachungen; Vier Textbände (1999–2002) und drei Supplementbände (2005, 2006)
2 *Christian Müller:* Das Gewohnheitsverbrechergesetz vom 24. November 1933. Kriminalpolitik als Rassenpolitik (1998)

3 *Maria Meyer-Höger:* Der Jugendarrest. Entstehung und Weiterentwicklung einer Sanktion (1998)
4 *Kirsten Gieseler:* Unterlassene Hilfeleistung – § 323c StGB. Reformdiskussion und Gesetzgebung seit 1870. (1999)
5 *Robert Weber:* Die Entwicklung des Nebenstrafrechts 1871–1914 (1999)
6 *Frank Nobis:* Die Strafprozeßgesetzgebung der späten Weimarer Republik (2000)
7 *Karsten Felske:* Kriminelle und terroristische Vereinigungen – §§ 129, 129a StGB (2002)
8 *Ralf Baumgarten:* Zweikampf – §§ 201–210 a.F. StGB (2003)
9 *Felix Prinz:* Diebstahl – §§ 242 ff. StGB (2003)
10 *Werner Schubert / Thomas Vormbaum (Hrsg.):* Entstehung des Strafgesetzbuchs. Kommissionsprotokolle und Entwürfe. Band 1: 1869 (2002); Band 2: 1870 (2004)
11 *Lars Bernhard:* Falsche Verdächtigung (§§ 164, 165 StGB) und Vortäuschen einer Straftat (§ 145d StGB), (2003)
12 *Frank Korn:* Körperverletzungsdelikte – §§ 223 ff., 340 StGB. Reformdiskussion und Gesetzgebung von 1870 bis 1933 (2003)
13 *Christian Gröning:* Körperverletzungsdelikte – §§ 223 ff., 340 StGB. Reformdiskussion und Gesetzgebung seit 1933 (2004)
14 *Sabine Putzke:* Die Strafbarkeit der Abtreibung in der Kaiserzeit und in der Weimarer Zeit. Eine Analyse der Reformdiskussion und der Straftatbestände in den Reformentwürfen (1908–1931), (2003)
15 *Eckard Voßiek:* Strafbare Veröffentlichung amtlicher Schriftstücke (§ 353d Nr. 3 StGB). Gesetzgebung und Rechtsanwendung seit 1851 (2004)
16 *Stefan Lindenberg:* Brandstiftungsdelikte – §§ 306 ff. StGB. Reformdiskussion und Gesetzgebung seit 1870 (2004)
17 *Ninette Barreneche†:* Materialien zu einer Strafrechtsgeschichte der Münchener Räterepublik 1918/1919 (2004)
18 *Carsten Thiel:* Rechtsbeugung – § 339 StGB. Reformdiskussion und Gesetzgebung seit 1870 (2005)
19 *Vera Große-Vehne:* Tötung auf Verlangen (§ 216 StGB), „Euthanasie“ und Sterbehilfe. Reformdiskussion und Gesetzgebung seit 1870 (2005)
20 *Thomas Vormbaum / Kathrin Rentrop (Hrsg.):* Reform des Strafgesetzbuchs. Sammlung der Reformentwürfe. Band 1: 1909 bis 1919. Band 2: 1922 bis 1939. Band 3: 1959 bis 1996 (2008)
21 *Dietmar Prechtel:* Urkundendelikte (§§ 267 ff. StGB). Reformdiskussion und Gesetzgebung seit 1870 (2005)
22 *Ilya Hartmann:* Prostitution, Kuppelei, Zuhälterei. Reformdiskussion und Gesetzgebung seit 1870 (2006)
23 *Ralf Seemann:* Strafbare Vereitelung von Gläubigerrechten (§§ 283 ff., 288 StGB). Reformdiskussion und Gesetzgebung seit 1870 (2006)
24 *Andrea Hartmann:* Majestätsbeleidigung (§§ 94 ff. StGB a.F.) und Verunglimpfung des Staatsoberhauptes (§ 90 StGB). Reformdiskussion und Gesetzgebung seit dem 19. Jahrhundert (2006)
25 *Christina Rampf:* Hausfriedensbruch (§ 123 StGB). Reformdiskussion und Gesetzgebung seit 1870 (2006)
26 *Christian Schäfer:* „Widernatürliche Unzucht“ (§§ 175, 175a, 175b, 182, a.F. StGB). Reformdiskussion und Gesetzgebung seit 1945 (2006)

27 *Kathrin Rentrop:* Untreue und Unterschlagung (§§ 266 und 246 StGB). Reformdiskussion und Gesetzgebung seit dem 19. Jahrhundert (2007)
28 *Martin Asholt:* Straßenverkehrsstrafrecht. Reformdiskussion und Gesetzgebung seit dem Ausgang des 19. Jahrhunderts (2007)
29 *Katharina Linka:* Mord und Totschlag (§§ 211–213 StGB). Reformdiskussion und Gesetzgebung seit 1870 (2008)
30 *Juliane Sophia Dettmar:* Legalität und Opportunität im Strafprozess. Reformdiskussion und Gesetzgebung von 1877 bis 1933 (2008)
31 *Jürgen Durynek:* Korruptionsdelikte (§§ 331 ff. StGB). Reformdiskussion und Gesetzgebung seit dem 19. Jahrhundert (2008)
32 *Judith Weber*: Das sächsische Strafrecht im 19. Jahrhundert bis zum Reichsstrafgesetzbuch (2009)
33 *Denis Matthies*: Exemplifikationen und Regelbeispiele. Eine Untersuchung zum 100-jährigen Beitrag von Adolf Wach zur „Legislativen Technik" (2009)
34 *Benedikt Rohrßen*: Von der „Anreizung zum Klassenkampf" zur „Volksverhetzung" (§ 130 StGB). Reformdiskussion und Gesetzgebung seit dem 19. Jahrhundert (2009)
35 *Friederike Goltsche:* Der Entwurf eines Allgemeinen Deutschen Strafgesetzbuches von 1922 (Entwurf Radbruch) (2010)
36 *Tarig Elobied:* Die Entwicklung des Strafbefehlsverfahrens von 1846 bis in die Gegenwart (2010)

Abteilung 4: Leben und Werk. Biographien und Werkanalysen

1 *Mario A. Cattaneo:* Karl Grolmans strafrechtlicher Humanismus (1998)
2 *Gerit Thulfaut:* Kriminalpolitik und Strafrechtstheorie bei Edmund Mezger (2000)
3 *Adolf Laufs:* Persönlichkeit und Recht. Gesammelte Aufsätze (2001)
4 *Hanno Durth:* Der Kampf gegen das Unrecht. Gustav Radbruchs Theorie eines Kulturverfassungsrechts (2001)
5 *Volker Tausch:* Max Güde (1902–1984). Generalbundesanwalt und Rechtspolitiker (2002)
6 *Bernd Schmalhausen:* Josef Neuberger (1902–1977). Ein Leben für eine menschliche Justiz (2002)
7 *Wolf Christian von Arnswald:* Savigny als Strafrechtspraktiker. Ministerium für die Gesetzesrevision (1842–1848), (2003)
8 *Thilo Ramm:* Ferdinand Lassalle. Der Revolutionär und das Recht (2004)
9 *Martin D. Klein:* Demokratisches Denken bei Gustav Radbruch (2007)
10 *Francisco Muñoz Conde:* Edmund Mezger – Beiträge zu einem Juristenleben (2007)
11 *Whitney R. Harris:* Tyrannen vor Gericht. Das Verfahren gegen die deutschen Hauptkriegsverbrecher nach dem Zweiten Weltkrieg in Nürnberg 1945–1946 (2008)
12 *Eric Hilgendorf (Hrsg.):* Die deutschsprachige Strafrechtswissenschaft in Selbstdarstellungen (2010)
13 *Tamara Cipolla:* Friedrich Karl von Strombeck. Leben und Werk – Unter besonderer Berücksichtigung des Entwurfes eines Strafgesetzbuches für ein Norddeutsches Staatsgebiet (2010)

14 *Karoline Peters:* J. D. H. Temme und das preußische Strafverfahren in der Mitte des 19. Jahrhunderts (2010)

Abteilung 5: Juristisches Zeitgeschehen Rechtspolitik und Justiz aus zeitgenössischer Perspektive

Mitherausgegeben von Gisela Friedrichsen („Der Spiegel") und RA Prof. Dr. Franz Salditt

1 *Diether Posser:* Anwalt im Kalten Krieg. Ein Stück deutscher Geschichte in politischen Prozessen 1951–1968. 3. Auflage (1999)
2 *Jörg Arnold (Hrsg.):* Strafrechtliche Auseinandersetzung mit Systemvergangenheit am Beispiel der DDR (2000)
3 *Thomas Vormbaum (Hrsg.):* Vichy vor Gericht: Der Papon-Prozeß (2000)
4 *Heiko Ahlbrecht / Kai Ambos (Hrsg.):* Der Fall Pinochet(s). Auslieferung wegen staatsverstärkter Kriminalität? (1999)
5 *Oliver Franz:* Ausgehverbot für Jugendliche („Juvenile Curfew") in den USA. Reformdiskussion und Gesetzgebung seit dem 19. Jahrhundert (2000)
6 *Gabriele Zwiehoff (Hrsg.):* „Großer Lauschangriff". Die Entstehung des Gesetzes zur Änderung des Grundgesetzes vom 26. März 1998 und des Gesetzes zur Änderung der Strafprozeßordnung vom 4. Mai 1998 in der Presseberichterstattung 1997/98 (2000)
7 *Mario A. Cattaneo:* Strafrechtstotalitarismus. Terrorismus und Willkür (2001)
8 *Gisela Friedrichsen / Gerhard Mauz:* Er oder sie? Der Strafprozeß Böttcher/Weimar. Prozeßberichte 1987 bis 1999 (2001)
9 *Heribert Prantl / Thomas Vormbaum (Hrsg.):* Juristisches Zeitgeschehen 2000 in der Süddeutschen Zeitung (2001)
10 *Helmut Kreicker:* Art. 7 EMRK und die Gewalttaten an der deutsch-deutschen Grenze (2002)
11 *Heribert Prantl / Thomas Vormbaum (Hrsg.):* Juristisches Zeitgeschehen 2001 in der Süddeutschen Zeitung (2002)
12 *Henning Floto:* Der Rechtsstatus des Johanniterordens. Eine rechtsgeschichtliche und rechtsdogmatische Untersuchung zum Rechtsstatus der Balley Brandenburg des ritterlichen Ordens St. Johannis vom Spital zu Jerusalem (2003)
13 *Heribert Prantl / Thomas Vormbaum (Hrsg.):* Juristisches Zeitgeschehen 2002 in der Süddeutschen Zeitung (2003)
14 *Kai Ambos / Jörg Arnold (Hrsg.):* Der Irak-Krieg und das Völkerrecht (2004)
15 *Heribert Prantl / Thomas Vormbaum (Hrsg.)*: Juristisches Zeitgeschehen 2003 in der Süddeutschen Zeitung (2004)
16 *Sascha Rolf Lüder:* Völkerrechtliche Verantwortlichkeit bei Teilnahme an „Peace-keeping"-Missionen der Vereinten Nationen (2004)
17 *Heribert Prantl / Thomas Vormbaum (Hrsg.)*: Juristisches Zeitgeschehen 2004 in der Süddeutschen Zeitung (2005)
18 *Christian Haumann:* Die „gewichtende Arbeitsweise" der Finanzverwaltung. Eine Untersuchung über die Aufgabenerfüllung der Finanzverwaltung bei der Festsetzung der Veranlagungssteuern (2008)

Abteilung 6: Recht in der Kunst

Mitherausgegeben von Prof. Dr. Gunter Reiß

1 *Heinz Müller-Dietz:* Recht und Kriminalität im literarischen Widerschein. Gesammelte Aufsätze (1999)
2 *Klaus Lüderssen (Hrsg.):* »Die wahre Liberalität ist Anerkennung«. Goethe und die Juris prudenz (1999)
3 *Bertolt Brecht:* Die Dreigroschenoper (1928) / Dreigroschenroman (1934). Mit Kommentaren von Iring Fetscher und Bodo Plachta (2001)
4 *Annette von Droste-Hülshoff:* Die Judenbuche (1842) / Die Vergeltung (1841). Mit Kommentaren von Heinz Holzhauer und Winfried Woesler (2000)
5 *Theodor Fontane:* Unterm Birnbaum (1885). Mit Kommentaren von Hugo Aust und Klaus Lüderssen (2001)
6 *Heinrich von Kleist:* Michael Kohlhaas (1810). Mit Kommentaren von Wolfgang Naucke und Joachim Linder (2000)
7 *Anja Sya:* Literatur und juristisches Erkenntnisinteresse. Joachim Maass' Roman „Der Fall Gouffé" und sein Verhältnis zu der historischen Vorlage (2001)
8 *Heiner Mückenberger:* Theodor Storm – Dichter und Richter. Eine rechtsgeschichtliche Lebensbeschreibung (2001)
9 *Hermann Weber (Hrsg.):* Annäherung an das Thema „Recht und Literatur". Recht, Literatur und Kunst in der NJW (1), (2002)
10 *Hermann Weber (Hrsg.):* Juristen als Dichter. Recht, Literatur und Kunst in der NJW (2), (2002)
11 *Hermann Weber (Hrsg.):* Prozesse und Rechtsstreitigkeiten um Recht, Literatur und Kunst. Recht, Literatur und Kunst in der NJW (3), (2002)
12 *Klaus Lüderssen:* Produktive Spiegelungen. 2., erweiterte Auflage (2002)
13 *Lion Feuchtwanger:* Erfolg. Drei Jahre Geschichte einer Provinz. Roman (1929). Mit Kommentaren von Theo Rasehorn und Ernst Ribbat (2002)
14 *Jakob Wassermann:* Der Fall Maurizius. Roman (1928). Mit Kommentaren von Thomas Vormbaum und Regina Schäfer (2003)
15 *Hermann Weber (Hrsg.):* Recht, Staat und Politik im Bild der Dichtung. Recht, Literatur und Kunst in der Neuen Juristischen Wochenschrift (4), (2003)
16 *Hermann Weber (Hrsg.):* Reale und fiktive Kriminalfälle als Gegenstand der Literatur. Recht, Literatur und Kunst in der Neuen Juristischen Wochenschrift (5), (2003)
17 *Karl Kraus:* Sittlichkeit und Kriminalität. (1908). Mit Kommentaren von Helmut Arntzen und Heinz Müller-Dietz (2004)
18 *Hermann Weber (Hrsg.):* Dichter als Juristen. Recht, Literatur und Kunst in der Neuen Juristischen Wochenschrift (6), (2004)
19 *Hermann Weber (Hrsg.):* Recht und Juristen im Bild der Literatur. Recht, Literatur und Kunst in der Neuen Juristischen Wochenschrift (7), (2005)
20 *Heinrich von Kleist:* Der zerbrochne Krug. Ein Lustspiel (1811). Mit Kommentaren von Michael Walter und Regina Schäfer (2005)
21 *Francisco Muñoz Conde / Marta Muñoz Aunión:* „Das Urteil von Nürnberg". Juristischer und filmwissenschaftlicher Kommentar zum Film von Stanley Kramer (1961), (2006)

22 *Fjodor Dostojewski:* Aufzeichnungen aus einem Totenhaus (1860). Mit Kommentaren von Heinz Müller-Dietz und Dunja Brötz (2005)
23 *Thomas Vormbaum (Hrsg.):* Anton Matthias Sprickmann. Dichter und Jurist. Mit Kommentaren von Walter Gödden, Jörg Löffler und Thomas Vormbaum (2006)
24 *Friedrich Schiller:* Verbrecher aus Infamie (1786). Mit Kommentaren von Heinz Müller-Dietz und Martin Huber (2006)
25 *Franz Kafka:* Der Proceß. Roman (1925). Mit Kommentaren von Detlef Kremer und Jörg Tenckhoff (2006)
26 *Heinrich Heine:* Deutschland. Ein Wintermährchen. Geschrieben im Januar 1844. Mit Kommentaren von Winfried Woesler und Thomas Vormbaum (2006)
27 *Thomas Vormbaum (Hrsg.):* Recht, Rechtswissenschaft und Juristen im Werk Heinrich Heines (2006)
28 *Heinz Müller-Dietz:* Recht und Kriminalität in literarischen Spiegelungen (2007)
29 *Alexander Puschkin:* Pique Dame (1834). Mit Kommentaren von Barbara Aufschnaiter/Dunja Brötz und Friedrich-Christian Schroeder (2007)
30 *Georg Büchner:* Danton's Tod. Dramatische Bilder aus Frankreichs Schreckensherrschaft. Mit Kommentaren von Sven Kramer und Bodo Pieroth (2007)
31 *Daniel Halft:* Die Szene wird zum Tribunal! Eine Studie zu den Beziehungen von Recht und Literatur am Beispiel des Schauspiels „Cyankali" von Friedrich Wolf (2007)
32 *Erich Wulffen:* Kriminalpsychologie und Psychopathologie in Schillers Räubern (1907). Herausgegeben von Jürgen Seul (2007)
33 *Klaus Lüderssen:* Produktive Spiegelungen: Recht in Literatur, Theater und Film. Band II (2007)
34 *Albert Camus:* Der Fall. Roman (1956). Mit Kommentaren von Brigitte Sändig und Sven Grotendiek (2008)
35 *Thomas Vormbaum (Hrsg.):* Pest, Folter und Schandsäule. Der Mailänder Prozess wegen „Pestschmierereien" in Rechtskritik und Literatur. Mit Kommentaren von Ezequiel Malarino und Helmut C. Jacobs (2008)

Abteilung 7: Beiträge zur Anwaltsgeschichte

Mitherausgegeben von Gerhard Jungfer, Dr. Tilmann Krach und Prof. Dr. Hinrich Rüping

1 *Babette Tondorf:* Strafverteidigung in der Frühphase des reformierten Strafprozesses. Das Hochverratsverfahren gegen die badischen Aufständischen Gustav Struve und Karl Blind (1848/49), (2006)
2 *Hinrich Rüping:* Rechtsanwälte im Bezirk Celle während des Nationalsozialismus (2007)

Abteilung 8: Judaica

1 *Hannes Ludyga:* Philipp Auerbach (1906–1952). „Staatskommissar für rassisch, religiös und politisch Verfolgte" (2005)

2 *Thomas Vormbaum:* Der Judeneid im 19. Jahrhundert, vornehmlich in Preußen. Ein Beitrag zur juristischen Zeitgeschichte (2006)

3 *Hannes Ludyga:* Die Rechtsstellung der Juden in Bayern von 1819 bis 1918. Studie im Spiegel der Verhandlungen der Kammer der Abgeordneten des bayerischen Landtags (2007)

Bei Fragen zur Produktsicherheit wenden Sie sich bitte an:
If you have any questions regarding product safety,
please contact:

Walter de Gruyter GmbH
Genthiner Straße 13
10785 Berlin
productsafety@degruyterbrill.com